儿童性教育
知识小百科

风信子 著

天津出版传媒集团
天津科学技术出版社

图书在版编目（CIP）数据

儿童性教育知识小百科 / 风信子著. -- 天津 : 天津科学技术出版社，2019.6

ISBN 978-7-5576-6179-3

Ⅰ. ①儿… Ⅱ. ①风… Ⅲ. ①儿童教育—性教育 Ⅳ. ①G479

中国版本图书馆CIP数据核字(2019)第050915号

儿童性教育知识小百科

ERTONG XINGJIAOYU ZHISHI XIAOBAIKE

责任编辑：布亚楠

出　　版：天津出版传媒集团
天津科学技术出版社

地　　址：天津市西康路35号

邮　　编：300051

电　　话：（022）23332695

网　　址：www.tjkjcbs.com.cn

发　　行：新华书店经销

印　　刷：北京中振源印务有限公司

开本 880×1230　1/32　印张6　字数 96 000

2019年6月第1版第1次印刷

定价：42.00元

前言

孩子是祖国的花朵，他们的健康成长不仅关系着每一个家庭的幸福，更关系着中华民族的未来与希望。家庭是孩子的第一课堂，是孩子学习知识与技能的主要场所，因此，发挥家庭教育的作用，当好孩子的第一任老师，对孩子的健康成长具有不可替代的作用。

在养育孩子的过程中，家长会遇到各种各样的问题，其中，性教育问题往往会让众多家长无所适从。虽然现在大部分人已经不再谈性色变，但是很少有人能做到自然地谈论性。究其原因，主要在于人们对性问题的认识过于片面，在认识与理解上存在一些误区。本书将会带你更加全面地认识性问题，让你轻松自然地教给孩子性知识，与孩子共同成长。

通过阅读本书，你将会有以下收获。

1. 了解孩子的性心理

孩子为什么更喜欢跟妈妈待在一起？孩子为什么想要取悦爸爸？孩子为什么不懂得对坏人设防？孩子为什么会早恋？……本书会带你走进孩子的心理世界，让你了解孩子的性心理，从而更好地与孩子交谈。每个孩子都是独一无二的天使，不要用错误的观念与想法折断孩子的翅膀。让孩子在自己的天空中自由地翱翔，用孩子的想法与思维同他们相处，你会发现另一片天。

2. 理解孩子的怪异行为

孩子为什么会玩弄自己的生殖器？孩子为什么要穿异性的服装？毛毯已经脏了，孩子为什么不让洗？……你知道孩子为什么会出现这些怪异的行为吗？本书将带你解读孩子行为背后的原因，让你理解孩子的怪异行为，从而用正确的心态去看待。只有读懂了孩子的行为，你才能找到更好的方式去引导孩子，成为贴心的父母。

3. 能轻松回答孩子提出的性问题

“妈妈，我是从哪里来的？”“为什么女孩没有小鸡鸡？”“为什么胸部慢慢‘肿’起来了？”“男孩也会每个月流血吗？”……你知道该如何回答孩子提出的这些性问题吗？面对这些尴尬的问题，你是选择充耳不闻，还是选择撒谎搪塞呢？显然，这两种做法都不可取。那么家长应该如何回答孩子提出的这些问题呢？本书结合不同年龄段孩子的心理发展特点，为家长介绍了回答这些问题时的一些技巧，并结合具体的问题给出了相应的参考答案，让你轻松应对孩子提出的尴尬问题。

本书是一本育儿的工具书，也是儿童性教育的指导手册，适合0~12岁孩子的父母阅读，其中的某些章节也适合亲子共读。

当然，每个孩子的心理发展特点与成长环境并不相同，家长的教育方式也存在一些差异，因而，孩子在成长过程中出现的问题也不尽相同。家长需要本着尊重、理解、信任的原则，对孩子进行积极的教育，让孩子的心理发展得以完善，促进孩子的健康成长！

目录

第一章

性教育：孩子成长不可或缺的一课

第二章

小身体大秘密，性教育从探索身体之谜开始

第三章

不能不说的秘密：儿童手淫知多少

第四章

孩子也会吃醋？无处安放的“依恋”

第六章

孩子即将步入青春期，你准备好了吗

附录

后记

第一章

性教育：孩子成长不可或缺的一课

长期以来，“性”是人们谈话的禁忌，谈性色变的社会风气让我们无法直面孩子提出的性问题。但是，如果孩子对性知识一无所知，他们又将如何保护自己？父母是孩子的第一任老师，家庭是孩子学习性知识的重要场所，家庭性教育是孩子成长过程中不可或缺的一课。

你还在谈性色变吗

你还在谈性色变吗？长期以来，我们将性视为洪水猛兽，认为性是“下流、龌龊、肮脏、羞耻”的代名词。于是，在面对孩子提出的性问题时，我们羞于作答，讳莫如深。但是，近年来由于缺乏性教育所导致的孩子受到伤害的事件屡屡发生，我们还能继续视而不见吗？

性是什么

性不等同于性交，并不是简单的男女之间的交配，而是联结着人类个体的生命、健康、隐私、自我认知、自我保护等的纽带。性是人类孕育生命的基础；性是健康，性器官的健康与身体的健康、性心理的健康与人格的健康密切相关；性是个体的隐私，是人们正常的生理需求和生理行为。

性与我们的生活息息相关，从个体的出生到身体的发育，从自我性别的认同到对异性的好感，我们一生都受其影响。作为家长，我们要认识到性并不可耻，帮助孩子从多个角度正确地理解性，让孩子树立正确的性观念，这既是我们的责任，也是促进孩子健康成长的根本。不要用错误的性观念误导孩子。

什么是儿童性教育

儿童性教育是指对儿童进行有关性科学、性知识、性道德和性文明教育培养的过程，这是一个涉及家庭、学校和全社会的教育工程，而不仅仅是读一本书、听一次讲座、看一次录像。

开展儿童性教育，不光要对孩子进行知识上的教育，更要对孩子进行人格上的教育。将性知识与性道德有机地结合起来，将性生理知识与性心理知识巧妙地渗透在人格教育中，坦然地回答孩子提出的性问题，为孩子建构健康的人格，这是我们的初衷，也是开展儿童性教育的宗旨。

不同年龄段的孩子需要掌握哪些内容

虽说儿童性教育不可忽视，但我们也不能操之过急、揠苗助长。让每个年龄段的孩子掌握与其心理认知相符合的性内容即可。下表根据孩子的身心发展情况，详细地列出了在不同年龄段对孩子进行性教育的内容，家长可以以此作为参考。

0~12岁孩子性教育内容表

年龄(岁)	内容	孩子的疑问
0~3	建立安全感	"为什么妈妈不抱抱我呢?"
3~4	出生教育	"我从哪里来的?"
	男孩和女孩不一样	"为什么女生没有小鸡鸡?"
2~4	认识隐私部位	"什么是隐私部位?为什么叫隐私部位呢?"
3~5	确定行为界限	"我可以掀女孩的裙子吗?"
4~5	爱护生殖器官	"我可以把笔放到屁股里吗?"
5~6	认识自己的身体	"身体这些部位的名称是什么?"
4~6	保护身体隐私	"怎么区分好的接触与坏的接触?"
6~12	预防性侵害	"什么样的行为是性侵害?遭遇性侵害时该怎么做?"
8~9	性别认同	"男孩应该保护女孩吗?"
9~12	悦纳青春期	"到了青春期,生理和心理都有哪些变化呢?"

知识小剧场

性教育也是爱的教育,缺乏爱的性教育,是无源之水、无本之木。

家长需要学习性教育知识

你对孩子进行性教育了吗？你有对孩子进行性教育的意识吗？对孩子进行性教育是一件十分重要而复杂的事情，也是一件需要长期坚持的事情。在当前这个信息传播便捷的时代，即便家长对性闭口不谈，孩子也会通过看电视、听音乐等别的途径对性有所了解。家长与其让孩子接受碎片化的、危险的内容，不如对孩子进行系统的、科学的性教育。

孩子需要性教育，这是毋庸置疑的。但是，大多数家长对性的认识过于片面，没有形成健康的性价值观，这就使得儿童性教育无法取得良好的效果。作为一名家长，你准备好对孩子进行性教育了吗？请试着完成下面的测试题，并思考自己想要传达给孩子什么样的性价值观。

对下面的观点，你是赞成还是反对？

□婴幼儿可以抚摸、玩弄自己的生殖器。

□父母可以直接告诉孩子他（她）的生殖器的名称。

□小男孩和小女孩可以穿同样颜色的衣服。

□6岁以下的男孩可以穿裙子。

□孩子不喜欢穿内裤，可以让他（她）光屁股。

□不同性别的5岁孩子可以一起洗澡。

□孩子们在一起玩“医生和病人”的游戏，父母不必阻止。

□孩子在桌角摩擦生殖器是正常的。

□孩子喜欢穿旧衣服是乖巧的表现。

□孩子不让洗脏了的被子，父母可以偷偷洗。

□女孩想要嫁给爸爸是在开玩笑。

□6岁的男孩可以跟妈妈一起洗澡、睡觉。

□孩子不喜欢被叔叔、阿姨抱，是不懂事的表现。

□父母应严密监视孩子看的电视节目、书籍，以防孩子接触到不好的内容。

□10岁的女孩可以跟男孩单独出去玩。

□动物的交配活动孩子可以在课堂上学习，不需要父母讲解。

以上列出的这些测试题回答起来有一定的难度。如果你与家人在一些问题上存在不同的看法，你们可以对此进行讨论，即便最终仍然存在分歧，在讨论后也可以结合孩子的年龄与理解能力对其进行最好的教育。

因为缺乏性教育，孩子会在不经意间受到伤害，比如在与小伙伴做游戏时，有可能会用小棍戳生殖部位；在遭受成人的骚扰与侵犯时，孩子不知道要拒绝，也不知道要将这件事说出来。诚然，孩子需要性教育，但是，家长更需要学习如何进行性教育。只有家长转变自己的性观念，对孩子进行全面的性教育，儿童性教育才能顺利地开展下去。

为了让孩子能够健康快乐地成长，请不要再对性问题避而不谈、视而不见。请勇敢地迈出第一步，认真地对孩子进行性教育。

知识小剧场

对孩子进行性教育不一定要一本正经、十分严肃，更好的做法是通过生活中的点点滴滴进行渗透性教育。抓住生活中的黄金时机，与孩子进行日常而自然的谈话，往往更有价值。

儿童性教育宜早不宜迟

性教育一直是一个令人难以启齿的敏感话题。如何将这个难以言说的秘密告诉孩子，成了令众多家长头疼的问题。对孩子开展性教育会引起孩子对性问题的过分关注吗？家长不必为此过于担心。培养孩子正确的性观念，反而有利于他们的心理发展。

为什么要开展儿童性教育

性教育是一门系统的课程，是每个孩子在成长过程中都应学习的一门课程。但是由于性教育观念淡薄，因此很多家长都忽视了对孩子进行性教育，还有些家长认为开展儿童性教育会带来不必要的麻烦。其实，开展儿童性教育不仅不会诱发孩子的问题行为，反而有助于孩子形成健康的性价值观。

1. 帮孩子认识性

英国著名哲学家罗素曾说："回避绝对自然的东西就意味着加强，而且是以最病态的形式加强对它的兴趣，因为愿望的力量同禁令的严厉程度是成正比的。"孩子对未知的事物充满了强烈的好奇心，如果父母对性问题遮遮掩掩，则不仅不会弱化孩子的探究行为，反而会激起他们的探究欲望。

2. 树立健康的性认知

开展性教育，可以帮助孩子了解性生理、性心理，认识到性别平等，树立正确的性别意识。这些对孩子的身心发展都是十分重要的。尤其是对即将步入青春期的孩子来说，身心的变化会让他们不堪重负，正确的性认知则可以帮助他们正视成长中的问题，使其顺利地度过青春期。

3. 让孩子远离伤害

一条条关于儿童遭受性侵害的新闻报道为我们敲响了警钟，我们不能再坐视不理，任由孩子成为"性盲"。教给孩子性知识，让他们懂得保护自己，拒绝坏人的无理要求与过分行为，可以为孩子的快乐成长加一道保护屏障，使其远离伤害。

开展儿童性教育需要注意什么

在当今的社会大环境下，对孩子开展性教育是家长必然的选择。那么，我们在对孩子进行性教育时应该注意些什么呢？

1. 及早教育

儿童性教育宜早不宜晚。5岁前是孩子的个性、性别意识养成的关键期，让孩子懂得一些性知识，解答孩子的疑惑，有助于孩子正确地认识性。父母不要一味地等待时机，觉得孩子还太小，想着等孩子长大后再告诉他们，而应该在回答孩子的问题时有意识地谈性。

2. 随时教育

生活即教育，父母可以通过日常生活中的小事来跟孩子谈性，就跟谈论吃饭、睡觉一样，让孩子以一颗平常心去看待性。例如，在孩子洗澡时，父母可以告诉孩子哪些部位是别人不能碰的；电视上出现亲吻的镜头时，父母可以告诉孩子不能随便亲别人或让别人亲。当然，谈论的话题应在孩子可以理解的范围内，而不应说一些令孩子感到晦涩难懂的内容。

3. 准备充分

很多父母自身的性知识不足，在面对孩子的性问题时不知如何作答。如果你也出现这种情况，那么最好的办法就是多阅读这方面的书籍，在准备充分的基础上解答孩子的疑问。或者你也可以直白地告诉孩子你不知道，然后与孩子一起查资料，讨论相关的问题。

知识小剧场

家庭是对孩子进行性教育的最佳场所，在轻松而又充满爱的家庭氛围中，孩子会自然而然地形成健康的性价值观。

孩子的性游戏

孩子玩性游戏是其性意识发展的表现，他们会在游戏中进行探索，比如抚摸自己的性器官，观察对方的生殖器，互相拥抱等。很多家长将这样的性游戏看成洪水猛兽，严厉地制止孩子。其实，孩子玩的性游戏大多是其内在发展的需求，与道德无关。

儿童性游戏的四种表现

儿童性游戏的形式多种多样，具体的应对策略还需要父母不断地进行探索。一般来说，儿童性游戏主要分为以下四类。

1. 自乐式性游戏

玩弄、摩擦自己的生殖器是自乐式性游戏的主要表现，这种行为的发展往往是一个从无意识到有意识的过程。例如，孩子刚开始触摸自己的生殖器是在探索自己的身体，对他们来说，这跟触摸身体的其他部位一样；但是他们触摸时感觉很舒服，于是这种舒服的感觉就会促使孩子有意无意地玩弄生殖器。这在孩子看来也只是一种比较舒服的游戏，并不是羞耻的行为。

如果家长发现孩子有这种行为，请不要严厉地批评、训斥他们。要知道，这种行为与性意识无关，只需温柔地告诉孩子这样做会影响生殖器的卫生即可，转移孩子的注意力，不要给孩子留下心理阴影。

2. 友爱式性游戏

友爱式性游戏是孩子表达善意的一种方式，也是孩子模仿成人的一种游戏。例如，两个小朋友玩过家家的游戏，他们分别扮演“爸爸”和“妈妈”，“爸爸”下班到家后亲了“妈妈”一下。这纯粹是孩子对成人世界的模仿，家长既不应反应过度，也不应坐视不理，进行正确的引导是必不可少的。

当看到孩子进行友爱式性游戏时，家长千万不能以大人之心度孩子之腹，不必将孩子的游戏复杂化。找一些孩子感兴趣的活动，转移孩子的注意力，避免孩子接触消极的影视节目，是处理这类问题的最佳方式。

3. 侵犯式性游戏

你的孩子被小朋友亲过吗？你的孩子亲过其他小朋友吗？很多时候，孩子会通过亲吻、拥抱的方式表达对对方的喜爱，这便是我们所说的侵犯式性游戏。这种行为符合3~5岁孩子的心理特点。面对出现这种行为的孩子时，请不要给他冠以“小流氓”的称号，他只是用自己的方式来表达情感而已。当然，被亲、被抱的孩子有可能会受到惊吓，或是感到不舒服。

见到孩子进行此类性游戏时，家长应该告诉孩子：“不征求对方的同意就亲别人、抱别人，是不礼貌的行为。如果你真的很喜欢谁，那你可以跟对方一起玩玩具。”跟孩子讲道理，告诉他正确的行为方式，远比一味地打骂更有效果。

4. 探究式性游戏

受到强烈的好奇心的驱使，孩子的探究式性游戏多种多样。例如，尿尿时比赛谁尿得远，男孩看女孩尿尿，玩“医生看病”的游戏查看对方的身体。这样的探究式性游戏可以满足孩子的好奇心，有助于孩子性心理的良好发展。

小贴士 在教育孩子时，家长既要积极地保护孩子的求知欲，又要制止孩子的不良行为。例如，在给孩子洗澡时，家长可以告诉孩子自己的身体不能让别人随便看、随便摸，自己也不能随便看、随便摸别人的身体。心平气和地教导孩子，让孩子知道什么可以做、什么不可以做。

如何区分性游戏与性侵害

当孩子之间发生了与性相关的行为时，家长需要鉴别这种行为属于性游戏还是性侵害。我们应该怎样来区分呢？具体有以下几条判断标准。

1. 是否符合孩子的心理发展

一般来说，3~5岁的孩子正处于对身体好奇的阶段，这个年龄段的孩子做的性游戏更多是过家家、互摸生殖器等，我们不应将这样的性游戏定义为性侵害。而6岁以上的孩子，他们的性心理发展不再处于初步的探索阶段，如果孩子出现上述的行为，家长则要及时制止。

2. 是否刻意回避他人

孩子在人多的场所进行性游戏，态度坦然，没有刻意地回避他人，则属于性游戏的范畴。反之，如果孩子在进行性游戏时偷偷摸摸的，刻意回避他人，这种行为就脱离了性游戏的范畴，家长要加以重视。

3. 是否年龄相差过大

性游戏大多发生在同龄的孩子之间。如果两个孩子的年龄相差超过4岁，那么就存在大孩子利用小孩子来满足自己的性欲的可能性。这就属于大孩子对小孩子的性侵活动，不再属于性游戏的范畴。

4. 是否双方平等自愿

性游戏是秉承着双方或者多方平等自愿的原则进行的。如果有一方强迫另一方的行为，这就脱离了性游戏的范畴。至于是否存在性侵害，则需要结合具体情况进行分析。

5. 是否存在恶意伤害

孩子之间的性游戏是愉快的，不存在恶意伤害的想法与行为，一般也不会给对方的身体造成伤害。如果孩子有恶意伤害的想法，则不管他是否付诸了行动，都不属于性游戏的范畴。

知识小剧场

孩子之间进行性游戏是十分正常的事情。保护孩子正常的性心理，避免孩子接触不良的性信息，使其远离性侵害，这才是我们应该做的事情。

不可不知的儿童性教育误区

虽然越来越多的家长开始关注儿童性教育，但是依然有许多人对性教育的认知存在偏差。正是这些认识上的误区，导致儿童性教育无法顺利地开展。因此，父母要改变以往的错误观念，摒除认识上的误区，做孩子性教育的引导者。

对于性教育，家长应摒除以下认识误区。

1. 性教育就是关于性交的教育

家长误解：性教育就是有关性交的教育。对孩子进行性教育为时尚早，况且，成人也不适合跟孩子谈论这些问题。

正确解读：性教育的内容十分丰富，包括多种性知识，如身体的成长与发育、性心理的成熟、性别意识的形成与性别角色的认同、性隐私的保护等。了解这些内容对孩子形成良好的性心理具有积极的意义。

2. 性教育=问题教育

家长误解：有问题的孩子才需要进行性教育，没问题的孩子不需要进行性教育。如果对没问题的孩子进行性教育，反而会唤醒他们的性意识，带来很多不必要的麻烦。

正确解读：孩子对性问题感兴趣，这可以说是孩子的本能，是很自然的事情。家长眼中的有问题的孩子其实不过是对性问题有更大的兴趣，有更强的好奇心。那些所谓的没问题的孩子，其实他们只是压抑了自己的好奇心而已。满足孩子的好奇心，不仅不会给孩子造成不良影响，反而会让他们正视性问题。

3. 性教育会诱发孩子性早熟

家长误解：对孩子进行性教育会刺激孩子，诱发孩子性早熟，使其产生不良的性心理，更早地进行性行为。

正确解读：事实与家长的担忧恰恰相反。性教育可以淡化孩子的好奇心，避免孩子盲目尝试。让孩子接受科学、全面的性教育不仅不会提高孩子提早进行性行为的可能性，反而会推迟他们初次发生性行为的时间。

4. 孩子还小，不适合听这些

家长误解：孩子还小，这些复杂的内容对单纯的孩子来说是一种污染，会让孩子的心灵变得不纯洁。

正确解读：正是因为孩子小，所以才更应该对其进行性教育。

家长教给孩子正确的性知识，可以在一定程度上避免孩子盲目地接受其他负面的性信息。即使看到了其他负面的性信息，孩子也可以正确地区分辨别，采用正确的方式对待。要知道，未雨绸缪比亡羊补牢更重要。

5. 孩子长大了自然就明白了

家长误解：“我当年也没有学习性知识，长大了不也知道了？等孩子长大了，他自然就明白了。”

正确解读：时代不同，社会背景不同，家长自然不能以固有的想法来应对现在的问题。任由孩子在性方面摸着石头过河，这是大多数家长普遍存在的侥幸心理，也是对性教育的逃避。家长不能因为自己的不好意思而影响孩子的心理健康成长。教给孩子性知识，可以让他们更好地保护自己，尊重他人。

6. 孩子对性不感兴趣

家长误解：“孩子很少（没有）在我们面前谈论性问题，他对性不感兴趣。既然如此，我们就没必要引出这个话题。”

正确解读：随着年龄的增长，孩子的性生理会逐渐发育，性心理自然也会发展。如果孩子很少或者几乎没有在家长面前谈论过性问题，那说明家长与孩子的沟通方式有问题。有可能是家长谈性色变的态度打消了孩子的积极性，也有可能是家长无法解答孩子提出的性问题，导致孩子在这方面对家长不信任。

7. 学校会教，家长不必多此一举

家长误解：孩子需要了解的性教育内容学校的老师会教的，家长不必多此一举。

正确解读：家庭是对孩子进行性教育的最佳场所，父母是孩子的第一任老师。孩子仅在学校学习性知识是远远不够的，还需要父母随时加以教育与引导。把孩子的性教育交给学校，这是家长在推卸责任。而且，每个孩子都是独特的，他们对性的疑惑也各不相同，对孩子进行个性化性教育，及时地解答孩子的性问题，是很有必要的。

8. 女孩需要性教育，男孩不需要

家长误解：在两性关系中，女孩是处于弱势地位的，因此，在对孩子进行性教育时，主要对女孩进行性教育就可以了，男孩不需要性教育。

正确解读：男孩被猥亵、性侵的事件并不少，不要低估了坏人的恶意，更不要高估了男孩的自我保护能力。男孩同样也需要性教育，因为科学、健康的性教育对男孩的健康成长起着至关重要的作用。

9. 性教育是一次性教育

家长误解：跟孩子谈性问题很不好意思，只要教过孩子一次就够了。总跟孩子谈性，会让人感到羞耻。

正确解读：性教育不是一次教育就能够完成的。这就像背课文，孩子只有多读多背才能记得住，性教育也是如此，家长要做好随时对孩子进行性教育的准备，出现问题要及时解决，抓住合适的时间点对孩子进行性教育。性教育应该是贯穿孩子一生的教育。

知识小剧场

对性知识的渴望是孩子成长过程中的根本需求，父母主动教给孩子性知识，帮孩子揭开性的神秘面纱，可以避免孩子的盲目尝试。

第二章
小身体大秘密，性教育从探索身体之谜开始

“妈妈，我是从哪里来的”这个世界难题终于有解了。你是选择玩笑式的欺骗，还是选择说出“标准答案”呢？面对熟悉而又陌生的身体，孩子充满好奇心，会提出各式各样的问题，让你瞠目结舌、无言以对。请你跟着孩子一起探索身体的奥秘吧！

“妈妈，我是从哪里来的”

“妈妈，我是从哪里来的呢？”3岁左右的孩子几乎都会问这个问题。如何回答这个世界难题，让众多家长头疼不已。为了避免尴尬，很多家长会谎称“你是从垃圾桶里捡来的”“你是充话费送的”“你跟孙悟空一样，是从石头缝里蹦出来的”……

如果你的孩子这样问你，你会怎么回答呢？我们一起来看看正确的回答方式吧！

如何回答“妈妈，我是从哪里来的”

出于好奇、探究的心理，3岁左右的孩子会对自己的出生问题感兴趣，渴望得到父母的解答。在孩子看来，提出这个问题就跟提出“为什么我要多吃蔬菜”“为什么打雷之后会下雨”一样自然，他是在探究与学习。

因此，当孩子提出这个问题后，父母不必觉得尴尬，要淡定而自然地回答，孩子的好奇心得到了满足，自然就不会揪着这个问题不放了。

父母具体该怎么做呢？

1. 正面回答，不要回避

在谈到与性相关的问题时，大多数家长都羞于启齿，于是对孩子提出的问题采取回避的态度，对孩子说“等你长大了就知道了”“小孩子不要问这些”。这样的回应恰恰会让孩子对此更加好奇。

正确的做法是正面回答孩子的问题，不要回避，告诉孩子“你是妈妈生的”远比责备与逃避更有用。

如果你确实不知道应该如何回答，那么可以告诉孩子：“妈妈还没有想好怎么回答这个问题，明天妈妈准备好了再回答你，好吗？”当然，你要说到做到，不要试图采用拖延战术回避孩子的问题，否则只会增加性在孩子心中的神秘感。

2. 尊重事实，不要欺骗孩子

实事求是是回答孩子问题时最基本的原则。在对孩子进行性教育时要尊重事实，不要欺骗孩子，这是我们要牢记的一点。千万不要再绞尽脑汁对孩子撒谎了。用事实解答孩子的疑问，能帮助孩子对性问题产生正确的认知，你也会收获孩子更多的信任。

你如果无法直接将答案说出口，则可以对所说的内容进行适当的美化，但也应该建立在事实的基础上。

如果你对孩子撒谎，让孩子意识到你是不可信的，那么，当孩子遇到与性相关的类似问题时，他就可能会去寻求其他的解决途径，而不再求助于你。

3. 使用简单明确的语言

回答孩子的问题时要简单明了，使用孩子听得懂的语言，不要超出孩子的认知。

至于父母是否要进一步讲解这个问题，则取决于孩子是否发问。如果孩子对你的解答感到满意，说明这个回答已经满足了孩子提问的初衷，你也不必再讲述过多的内容；如果孩子仍有疑问，你还需要使用简单明确的语言继续解答。父母既要做到“有问必答”，又要注意“有问才答”。

“妈妈，我是从哪里来的”系列问题答疑集锦

随着孩子年龄的增加，他们对出生问题的思考会逐渐深入，进而会提出更多令父母羞于启齿的问题。那么，对这些问题，父母又该如何回答呢？

1. 问：“妈妈，我是从哪儿生出来的呢？”（4岁左右）

答：“你是从妈妈的阴道里生出来的。（阴道在妈妈的两腿之间）”（顺产）

“你是从妈妈的肚子里生出来的。医生在妈妈的肚子上划个小口子，把你从里面拿出来，然后再把伤口缝好。你看，这里还有疤痕呢。”（剖宫产）

小贴士 告诉孩子他出生的真实情况，既有助于孩子认识自己的身体，也有助于孩子理解妈妈的辛苦。很多父母会拿这件事开玩笑，编造一些诸如“你是我们从××捡来的”的谎言，在无意中却会让孩子受到感情上的伤害，也体会不到神圣的生命连接。

2. 问：“妈妈，我是怎么进到您肚子（阴道）里的呢？”（5岁左右）

答：“你是由爸爸妈妈共同创造的，爸爸的精子和妈妈的卵子结合在一起就变成了你。”

3. 问：“爸爸的精子是怎么给您的？”（6岁左右）

答：“爸爸和妈妈的身体里都有生命通道，把这两条生命通道连起来，爸爸就可以把精子给妈妈了。”

4. 问：“爸爸是在什么地方把精子给您的呢？”（6岁左右）

答：“是在家里。这是一件很私密的事情，只有爸爸妈妈想要宝宝的时候才能这样做。你千万不能把这件事告诉别人哟！”

5. 问：“为什么不能把这件事告诉别人呢？”（6岁左右）

答：“因为这件事是爸爸妈妈与孩子之间的小秘密，应该由爸爸妈妈告诉自己的孩子。有的爸爸妈妈还没有准备好告诉他们的孩子，如果你说了，他们会不开心的。”

亲子互动小剧场

给孩子讲一讲他在你身体里的生命历程，分享你与孩子在一起的点点滴滴。

“爸爸，这是什么”

孩子对自己的身体充满了好奇，你永远猜不透他们的小脑袋瓜在想什么，他们会提出千奇百怪的问题来刷新你的认知，让你尴尬得不知如何是好。教孩子认识自己的鼻子、眼睛、嘴巴，这是很自然的事情。但是如何教孩子认识自己的敏感部位呢？这让众多家长感到无所适从。这个问题我们将在本节进行讨论。

如何教育孩子认识敏感器官

“妈妈，这是什么？”当儿子指着自己的生殖器问你时，你会怎么回答？你是害羞地走开，还是开玩笑地说他是“小流氓”？你会直接告诉他“这是阴茎”还是会对他说“这是小鸡鸡”？其实，直接回答孩子的问题，往往更能满足他们的好奇心与求知欲。

1. 直接告诉孩子敏感器官的名称

在孩子最初对自己的身体部位感到好奇时，正确而清晰地将这些身体部位的名称告诉孩子是最佳的选择。与其躲躲闪闪、含糊其词，让孩子觉得很神秘，不如让孩子了解这些科学名词。告诉男孩“这是阴茎，这是阴囊”；告诉女孩“这是阴部，这是阴道”。这些对3岁左右的孩子来说就已经足够了。

如果你担心孩子在公共场所说出这样的词会让你无地自容，那么，你也可以告诉孩子：“阴茎也叫小鸡鸡，大家都这样叫，你也可以这样叫。”

2. 用孩子听得懂的语言与之交流

家长与孩子就性问题进行交流的主要目的是帮助他们解除疑惑。因此，使用符合孩子年龄认知的语言尤为重要。例如，当6岁的孩子问你“为什么小鸡鸡会变硬”时，你可以告诉他“这是因为小鸡鸡想尿尿了”，而不必谈及“勃起”“海绵体充血”等过多的内容。当然，如果是12岁的孩子问你同样的问题，你就可以帮助孩子查找相关的资料，告诉孩子：“这叫勃起，是阴茎的海绵体充血引起的。”

用孩子可以理解的、听得懂的语言，循序渐进地传授给孩子性知识，这有助于家长对孩子进行性教育，也有助于孩子正确地理解与认识性。

3. 传递健康的性价值观

生殖器是人类延续生命的器官，是人体圣洁的器官。家长要对生殖器有健康的认知，不要让孩子产生“生殖器是羞耻的”这样的想法。例如，在教孩子认识阴道口时，家长可以告诉孩子：“这是阴道口，是小宝宝从妈妈肚子里钻出的口。这里面有一条通道与妈妈肚子里的子宫相连，这就是人类的生命通道。”让孩子认识到生殖器官的神圣、伟大，避免性教育与传统文化的冲突，可以让孩子建立起健康的性价值观。

情景解读

情景1：

小雨是个3岁的小男孩，在跟爸爸一起洗澡的时候，小雨指着自己的生殖器问："爸爸，这是什么？"爸爸反问小雨："你说这是什么？"小雨想了想，笑嘻嘻地说："这是小鸡鸡，小朋友们都这么说！"

很多家长无法坦然地向孩子介绍生殖器，是因为他们是成年人，知道这些部位的功能与作用。所以，当孩子提出这些问题时，家长就显得无所适从。其实，生殖器官的名称对孩子来说，也仅仅是一个简单的名称而已，跟鼻子、眼睛一样，并没有太大的区别。克服自己的心理障碍，坦然地告诉孩子这些名词，其实并没有那么难。

家长的正确回答是："这是阴茎，也叫小鸡鸡。因为很多人都在用小鸡鸡这个称呼，所以我们也叫它小鸡鸡就行了。"

情景2：

有一天，5岁的女儿突然问："妈妈，什么是生殖器官啊？"妈妈被这突如其来的发问弄懵了，对孩子说："别问那些没用的。说说你在幼儿园学了些什么？"

家长没有对性问题形成正确的认知，于是在孩子提出相关的问题时不知如何作答，反而责备孩子，这种做法是错误的。事实上，如果你自然地与孩子谈论这些问题，他们对生殖器官就会有正确的认知；而家长的过度反应会让孩子对生殖器官产生误解，认为生殖器官是不好的东西，所以爸爸妈妈才不想谈论。

家长的正确回答是："生殖器官就是生孩子的器官，女孩长大后生孩子需要生殖器官。所以，这个器官可是很重要的！我们一定要好好呵护它，每天清洗，注意卫生。"

亲子互动小剧场

主动与孩子谈一谈他的身体部位，告诉孩子各个部位的正确名称以及我们常用的称呼。

“为什么女孩没有小鸡鸡”

“为什么男孩站着尿尿？”“为什么女孩蹲着尿尿？”“为什么男孩有小鸡鸡？”大多数孩子在3~4岁的时候都会问父母这样的问题。当你的孩子这样问时，你会怎么回答呢？

如何回答“为什么女孩没有小鸡鸡”

弗洛伊德在《性学与爱情心理学》这本书中提出了一个儿童性理论：“他们认定所有的人，包括女人，都有一个像他自己身体上那样的阳具。”这也就不难理解为什么孩子会问这样的问题。你的孩子问过你这样的问题吗？你是怎样回答的呢？

1. 错误回答：“你的小鸡鸡掉了，长不出来了。”

在面对这类性问题时，有些家长总是会找借口，告诉孩子“女孩小时候不听话，小鸡鸡被大人割掉了”“女孩小时候生病了，小鸡鸡就掉了”“女孩小时候总是哭，所以小鸡鸡飞走了”。很多家长将这种回答当作是玩笑，却不知这样的回答不仅没有传递出正确的性知识，反而会让孩子形成错误的性别观念。

当听到父母这样回答时，男孩会产生一种性别优越感与自豪感，认为自己比女孩强，比女孩完美，甚至还会歧视女孩；而女孩则会觉得自己是残缺的，因此产生性别自卑心理，觉得自己不如男孩，进而会羡慕甚至嫉妒男孩。

在6岁前，孩子的性别心理发展会经历一个曲折的过程，男孩会担心自己的小鸡鸡被割掉，产生焦虑与恐惧；女孩会因为“残缺”的身体而感到自卑、无助。这样的性别心理对孩子的心理健康成长会产生消极的影响。因此，当你的孩子这样问你时，请不要编造借口，而要用正确的性知识解答孩子的疑惑，帮助孩子了解性器官与性别的关系，接纳自己的性别。

2. 正确回答：“男孩和女孩都有小鸡鸡。”

“男孩和女孩都有小鸡鸡。只不过男孩和女孩的小鸡鸡长得不一样，男孩的小鸡鸡是长长的，女孩的小鸡鸡是扁扁的。其实女孩也可以站着尿尿，但那样会把自己的裤子尿湿。”

当孩子对自己或者对异性的身体感到好奇时，家长不妨这样告诉孩子，让孩子知道男孩与女孩是平等的，性别并无优劣之分。

家长在回答孩子提出的此类问题时，一定要注意保护孩子的性心理发展过程，让孩子认识并接受自己的性别，形成正确的性别意识。

宝宝对成人身体的惊讶系列问题答疑集锦

面对好奇宝宝提出的一个又一个令人瞠目结舌的问题，家长又该如何应对呢?

1. 问：“为什么爸爸也有咪咪？”

答：“爸爸妈妈和宝宝都有咪咪，咪咪又叫作乳房。不管是男生还是女生都有乳房，这是正常现象。”

2. 问："为什么妈妈的咪咪比爸爸的大？"

答："妈妈身体里的雌激素会让妈妈的乳房鼓起来。妈妈的乳房是给宝宝存储粮食的地方。小宝宝出生后，没有牙齿，只能喝妈妈乳房里的乳汁。而爸爸身体里的激素和妈妈的不同，所以爸爸的乳房不会鼓起来。"

3. 问："爸爸的小鸡鸡为什么会长头发？"

答："长在头上的叫头发，长在胳膊上的叫汗毛，长在胳肢窝里的叫腋毛，长在小鸡鸡上的叫阴毛。每个男孩长大后小鸡鸡上都会长出阴毛的，这就标志着小男孩已经长成男子汉啦！"

4. 问："为什么小鸡鸡上要长毛呢？"

答："小鸡鸡是很重要的地方，毛发可以保护它。阴毛既可以吸收阴部分泌出来的汗液和黏液，也可以阻挡灰尘、细菌，让小鸡鸡保持健康，这样我们的身体也就更加健康了。"

知识小剧场

摘除"有色眼镜"，让孩子了解乳房、小鸡鸡的真相，满足孩子对自身及异性身体的好奇心，有助于孩子的性心理健康发展。

“我穿裙子就变成女孩了吗”

你有没有如下的经历？儿子穿上你的裙子、高跟鞋，对你说：“妈妈，我现在变成漂亮的小女孩了。”面对儿子的这种行为与想法，你是感到啼笑皆非，还是忧心忡忡？小男孩之所以会有这样的行为与想法，是因为他们不知道自己的性别是不会改变的，所以认为自己穿上裙子就会变成女孩；小女孩则认为自己把头发剪短就会变成男孩。

孩子是怎样判断男性与女性的呢

婴儿在出生后就开始观察父母，并通过父母的外貌、行为、说话方式等逐渐了解男性与女性的区别。总体来说，孩子判断男性与女性要经过三个过程。

1. 根据外表判断

从婴儿期开始，孩子对男女性别的差异就会逐渐产生直观的感受。比如，男性剪短头发，女性留长发；男性穿裤子，女性穿裙子。在2岁前，孩子主要通过外表来判断一个人的性别。比如，当留着长头发的叔叔来家里做客时，孩子会说“阿姨好”，而不是“叔叔好”。

2. 根据身体结构的不同来辨别

3岁左右的孩子开始注意到自己的性别，并逐渐懂得根据男女身体的不同辨别对方的性别。例如，孩子会将强壮的肌肉、说话嗓门大与男性画上等号，将凸起的胸部、温柔的声音与女性画上等号。但是这个阶段的孩子对性别的认识还不全面，他们会觉得性别是可以改变的，比如，男孩戴上妈妈的假发后就会认为自己变成了女孩。

3. 真正了解男女的身体差异

5岁左右，孩子已经熟悉男女之间的身体差异了，他们清楚地知道自己的性别是不可以改变的。此时的孩子会从同性身上学习某些行为方式，认可自己的性别。在判断他人的性别时，孩子的方法也会更全面、更成熟。

家长应如何帮助孩子形成正确的性别认知呢

孩子形成正确的性别认知，需要家长的正确引导。如果家长不认同自己孩子的性别，或者起不到良好的示范作用，孩子就会对性别认知产生偏差。具体来说，家长要做到以下几点。

1. 认同孩子的性别

在孩子出生之前，很多家长都会对孩子的性别有所期待：有的想要活泼机灵的男孩，有的想要温柔乖巧的女孩。家长有这样的想法与期待是无可厚非的，但当孩子出生后，不论是否符合自己的预期，都请不要将负面的情绪带给孩子。在男孩因为淘气犯错时，请不要说："还是女孩好，温柔乖巧，不会闯祸。"在女孩学习成绩不理想时，请不要说："果然还是男孩聪明，我要是有个儿子就好了。"

家长在性别方面的喜好会直接影响孩子的性别观念与行为。例如，有些家长经常会在儿子面前表现出对女孩的喜爱，于是儿子为了得到更多的爱和认同，就偷偷穿妈妈的裙子，学着妈妈涂指甲油，甚至讨厌自己的性别，内心中想要变成女孩。由此可见，家长认同孩子的性别对孩子的心理健康成长极其重要。

2. 尊重男孩、女孩的成长差异

男孩、女孩各有特点，家长不必强求儿子乖巧听话，做自己的贴心小棉袄；也不必强求女儿成为假小子，不怕脏不怕累。尊重男孩、女孩的成长差异，让他们遵循自然的法则成长，对孩子形成良好的性别品质具有积极的意义。

3. 面对孩子的"怪异"行为不必惊慌

孩子偶尔喜欢穿异性的服装怎么办？为什么孩子有时候对异性的玩具很感兴趣？面对不符合孩子性别特征的"怪异"行为，家长不必惊慌。孩子偶尔的"出格"行为并不代表他们分不清自己的性别，他们也许只是好奇，想体验一下异性的感觉。当然，如果孩子长期表现出异性的行为特征，家长则要予以注意，了解孩子这样做的原因，并进一步帮助孩子树立正确的性别观。

游戏小剧场

准备几张画有男孩与女孩身体部位的卡片，让孩子通过卡片分类了解男女不同的性别特征。在孩子了解了这些特征后，让他自己在纸上画出男孩与女孩。

性别教养有规矩

让孩子健康成长是每一位家长的愿望。所谓健康成长，并不仅仅指孩子的身体健康，也包括孩子的心理健康。

与身体机能的发展相似，孩子对自身性别的认同与性别角色的认知也存在着一个关键期。2~5岁是孩子完成自身性别认知非常重要的时期。在这个时期，如果孩子对自身性别的认知过程被扰乱，他们就容易出现性别困扰。因此，家长在日常的教养中要遵循一定的规矩。

1. 不混淆孩子的性别打扮

“把男孩当女孩养，把女孩当男孩养”，这样的事并不少见。有些家长可能出于好玩，于是给男孩穿裙子、扎辫子，把女孩打扮成“假小子”，给孩子穿中性化的衣服，这会导致孩子混淆自己的性别。

小贴士 在孩子3岁前，家长应该注意培养孩子的性别意识。混淆孩子的性别去打扮他，会导致孩子不认同自己的性别。不要跨性别教养孩子，更不要让你不经意、不注意的行为影响了孩子的性别意识。

2. 不混淆孩子的性别认知

“孩子的性别是男还是女？”这对于家长来说根本就算不上问题，但是对孩子来说却是很重要的一个问题。有些父母会跟自己的孩子开玩笑，逗孩子玩，如告诉男孩：“明天妈妈给你系个蝴蝶结，你就变成女孩了。”家长对自己说过的玩笑话会一笑而过，可是孩子对自己的性别认知却会发生混乱：“我到底是男孩还是女孩？我可以今天是男孩，明天变成女孩吗？”

小贴士 孩子对父母是十分信任和依赖的。在孩子产生性别认同的关键时期，父母不应开此类玩笑，以免影响孩子对自己性别的判断。准确地告诉孩子他（她）的性别，让孩子认清自己、认同自己，这对于孩子的心理发展是十分重要的。

3. 引导孩子的爱好

女孩喜欢洋娃娃，男孩喜欢玩具汽车，这是孩子受到家长的影响而出现的一种行为。有研究表明，这种爱好在一定程度上会受到性别的影响。因此，当你发现男孩喜欢洋娃娃，女孩喜欢玩具车时，你不妨适时地引导孩子，转移孩子的注意力，让他们选择适合自己性别的玩具。

小贴士 孩子的爱好在一定程度上会受到性别的影响，但这并不是绝对的。因此，家长在养育孩子时不要以偏概全，偏激地认为“男孩就应该有男孩样，女孩就应该有女孩样”。让孩子认同并接受自己的性别，这才是最终目的。

4．不夸大异性的优点

家长对某种性别的偏好会影响孩子自己的性别认同。例如，有些妈妈喜欢女孩的漂亮、贴心，于是就经常对儿子说：“你是妈妈的小棉袄，是妈妈的小公主！”有些爸爸喜欢男孩的勇敢、坚强，于是就经常对女儿说：“谁说女子不如男，我的女儿比男孩更勇敢，是个小男子汉！”长此以往，孩子就会因为自己的性别而产生自卑心理，进而对自己的性别不满，迫切地想要变成异性。

小贴士 父母对异性性别的赞美会让孩子认为异性性别更受人喜欢，于是为了得到父母的喜爱，孩子会希望自己可以变成异性，进而表现出异性的某些行为特征。在这样的心理暗示下，孩子就很难形成自然的性别观，他们的心理健康也会受到不良影响。

5. 不贬低异性性别

有些家长为了让孩子接受自己的性别，通常会在无意间贬低异性性别。例如，当男孩问“为什么女孩没有小鸡鸡”时，有些家长会说：“因为女孩不乖，所以圣诞老人没有奖励给女孩小鸡鸡。”这样的回答会让男孩产生性别优越感，歧视女孩。如果孩子的这种想法没有及时转变，日后他们很可能就会表现出“大男子主义”，不尊重女性。因此，在教育孩子接受自己的性别时，家长不应采用贬低异性性别的方式。

小贴士 与其编造借口与谎言，不如实话实说，告诉孩子“男孩女孩性别不同，身体结构不同”，效果反而更好。父母诚实地回答孩子的问题，既有助于解决孩子的困惑，又可以增加孩子对父母的信任感。

6. 给孩子树立性别榜样

父母是孩子最好的榜样。在对孩子进行性别教育时，父母的榜样作用是不可少的，所以父母应为孩子提供双性别环境与双性别影响力。为了更好地培养孩子的性别意识，妈妈应多与女孩相处，爸爸应多与男孩相处。在与孩子相处的过程中，父母应该展示出自己的性别优势与个性魅力，比如，妈妈表现出细心、温柔等品质，爸爸表现出勇敢、坚强、吃苦耐劳等品质，让孩子在不知不觉间受到父母的积极影响，对自己的性别角色有积极而正确的认知。

小贴士 在孩子的性别教育问题上，小男孩的女性化倾向更让人担忧。有男孩的家庭，爸爸要表现出充分的男子汉气概，做好孩子的男性榜样；妈妈也要让孩子多与爸爸相处，不要过分地保护孩子。

知识小剧场

美国得克萨斯农业机械大学的研究人员做过一个测试实验：观察3~8个月大的婴儿对玩具的喜好。研究人员将17名男婴与13名女婴放在汽车的安全座椅上，并分别在他们面前放一个粉色的洋娃娃和一辆蓝色的玩具卡车，然后通过观察这30名婴儿将目光锁定在哪个玩具上的时间更长来推断他们对哪种玩具更感兴趣。测试结果表明：女婴对洋娃娃更感兴趣，男婴则对玩具卡车更感兴趣。

宝宝光着屁股好不好

你的孩子喜欢光屁股吗？你会坚持让孩子穿上小内裤吗？在宝宝告别纸尿裤后，很多家长都觉得没必要给孩子穿内裤。因为光屁股不仅省钱，还可以防止红屁股。但是穿内裤会更安全，更卫生。那么，到底要不要给孩子穿内裤呢？

光屁股vs穿内裤

到底应该让宝宝光着屁股，还是应该给宝宝穿上小内裤，这个问题一直困扰着众多家长。还有些家长习惯给宝宝穿开裆裤，其实穿开裆裤在很多方面与光着屁股是没有区别的。下面我们就从几个方面来看一下这两种选择的优劣。

1. 身体感觉

光屁股：宝宝感觉很轻松、舒服，屁股不会有不适感，可以防止红屁股。

穿内裤：宝宝感觉有约束感，不舒服。一旦尿尿，屁股会有潮湿感，更难受。

2. 隐私保护

光屁股：没有隐私，屁股完全暴露在外。如果宝宝1岁半后仍然光屁股，会不利于性别意识的形成。

穿内裤：有利于隐私部位的保护，也有利于性别意识的形成，让宝宝认识到男女有别。

3. 私密处的健康

光屁股：隐私部位容易受脏东西感染，患上各种炎症；容易被钝器扎伤或因磕碰受伤。

穿内裤：抵挡一部分异物，保护宝宝私密处的健康；减少裤子与私密处的摩擦，保护肌肤。

4. 身体健康

光屁股：3岁以下的宝宝对温度很敏感，体温中枢发育得还不是很健全，光屁股很容易导致腹部受凉，从而引起腹痛或感冒。

穿内裤：防止腹部受凉，尤其是在天气冷时保护作用更强。

5. 如厕训练

光屁股：不会出现尿裤子的现象，但是宝宝很难形成如厕意识，容易随地大小便。

穿内裤：有助于宝宝接受如厕训练，但尿裤子会很难受，容易损伤宝宝的皮肤。

小贴士 综上所述，宝宝喜欢光屁股是因为舒服、自由，也可以说是天性使然，但是光屁股对宝宝的隐私意识形成与身体健康都是不利的，因此，家长最好给宝宝穿上小内裤，以抵抗病菌与伤害。

怎样给宝宝选购小内裤

宝宝的肌肤细嫩而敏感，因此，家长要给宝宝选择合适的小内裤。不舒服的内裤不仅会被宝宝抵制，还会损害宝宝的肌肤，影响宝宝的心情。在给宝宝选购小内裤时，家长可以从以下几个方面考虑。

1. 材质

纯棉的衣服不但柔软、吸汗、透气性好，而且对宝宝无害，穿起来也会很舒服。因此，在为宝宝选购内裤时，家长最好选择纯棉的产品。尤其是在天气炎热时，宝宝很容易出汗，纯棉的产品透气性好，不会让宝宝觉得闷闷的。

2. 尺寸

在给宝宝挑选内裤时，尺寸要大小适中，在尺寸合适的基础上尽量选择宽松些的内裤。太大的内裤容易掉，很麻烦，宝宝走起路来也很不方便；太小的内裤会勒肉，宝宝穿起来很不舒服，甚至会觉得皮肤疼痛。因此，如果家长选购的内裤尺寸不合适，宝宝就会抵制穿内裤。当你的宝宝不想穿内裤时，你可以观察一下是不是内裤的尺寸过大或过小。

3. 颜色

选购浅颜色的内裤对女宝宝来说尤为重要。给女宝宝穿上浅色的内裤，家长就可以通过观察宝宝内裤上的分泌物来推断宝宝的身体健康状况。如在女宝宝的内裤上发现了发黄的结痂小块，则说明宝宝可能出现了感染或者过早发育，此时家长就要加以注意了，应带宝宝及时就医。

小贴士 在给宝宝选购内裤时，家长也可以选择一些带有图案的小内裤。宝宝从内心里喜爱、接受内裤，穿起来自然会很爱护，这也有助于训练宝宝的如厕习惯。当然，要避免选择会掉色的内裤。

知识小剧场

宝宝一旦脱离了纸尿裤，家长就可以为宝宝穿上小内裤，至少要让宝宝在3岁入园之前就习惯穿内裤，以免宝宝入园后因不小心而受伤。

生殖器官的生理健康

生殖器官是人体重要的组成部分，生殖器官的健康对我们的生命成长具有非常重要的意义。注意生殖器官的卫生，做好生殖器官的健康保护工作，是我们不可忽视的重要内容。那么，作为家长，我们该如何教孩子爱护生殖器官，让孩子拥有健康的生活呢？

如何保持生殖器官的卫生

如果在日常生活中不注意清洁，生殖器官就很容易被感染，从而引发生殖系统疾病，影响孩子的身体健康。为此，家长要教孩子养成良好的卫生习惯，保持生殖器官的卫生。具体可以从以下几个方面做起。

1. 每天用清水清洗生殖器官

让孩子养成每天清洗生殖器官的习惯，使用个人专用的盆，或者在淋浴时用温水清洗。在清洗过后要用专用的毛巾擦拭。

小贴士 在宝宝周岁前，家长不必过度清洗宝宝的生殖器官，也不要乱用清洗液之类的东西，用温水清洗，轻轻擦拭即可。

2. 便前要洗手

很多家长都告诉孩子便后要洗手，其实，便前也需要洗手。如果便前不洗手，那孩子手上的细菌就会直接通过卫生纸传到尿道和肛门，引起瘙痒、湿疹或者其他炎症，造成生殖器官感染。因此，家长不仅要教育孩子便后洗手，还要让孩子做到便前洗手。

小贴士 家长要教给孩子正确的洗手方式，告诉孩子洗手不是用水将手润湿即可，而是要将手掌、手背、手指、指缝、手腕等都揉搓、清洗干净。家长要让孩子知道便前正确洗手的重要性，而不是流于形式。

3. 大便后要从前向后擦拭

肛门和阴道口、尿道口离得很近，尤其是女孩，如果从后向前擦拭，就很可能把肛门附近的粪便及细菌带到阴道口或尿道口，造成泌尿系统与生殖系统感染。因此，家长要让孩子记住大便后应从前向后擦拭干净。

小贴士 家长还应告诉孩子，在使用卫生纸擦屁股时不要硬擦，而应该旋转擦拭，以免用力过度造成肛门损伤。

4. 穿宽松的内裤

过紧的内裤会摩擦生殖器官，导致生殖器官部位温度过高，内裤上的热量难以被带走，便会成为细菌、真菌的温床。而且，儿童的生殖器官处于生长发育期，过紧的内裤不利于生殖器官的发育。因此，家长应该给孩子穿宽松些的内裤。

小贴士 男性的睾丸喜凉厌热，高温会导致睾丸生精上皮受损，影响生殖器官的健康。

5. 每天换洗内裤

穿了一天的内裤上会有很多排泄物、分泌物，这些物质中含有多种病菌，若不勤换勤洗，这些病菌很可能就会造成生殖器官感染。因此，家长要让孩子养成每天换洗内裤的好习惯。

小贴士 不要觉得内裤看起来不脏就是干净的，很多细菌都是肉眼看不到的，让孩子从小养成良好的卫生习惯是很重要的。

6. 把内裤放在阳光下晾晒

潮湿的环境容易滋生细菌，长期穿不经晾晒的内裤很容易引发炎症。阳光中的紫外线可以杀灭细菌，因此，内裤清洗后最好放在阳光下晾晒。如果受居住环境的限制，无法晾晒内裤，则可以将内裤挂在通风处或者用吹风机、烘干机等烘干，以免湿的内裤滋生细菌。

小贴士 将内裤清洗后挂在卫生间是十分不明智的做法，卫生间的湿润环境会为细菌的滋生提供便利条件，进而影响孩子生殖器官的健康。

教孩子保护自己的生殖器官

1. 如何预防生殖器官受伤

除了让孩子注意生殖器官的卫生，家长还要告诉孩子应爱护生殖器官，预防生殖器官感染，避免因运动、意外等导致生殖器官受伤。家长要让孩子注意以下三点。

（1）嬉笑打闹不要过于激烈，更不要故意撞击生殖器官。

（2）进行体育运动时要注意保护生殖器官。

（3）不要将异物放入生殖器官。

2. 生殖器官受伤了怎么办

当发现孩子的生殖器官感染或受伤时，家长要及时带孩子就医。在平时的教育中，家长要告诉孩子以下三点。

（1）发现生殖器官异常或者觉得生殖器官不舒服，要及时告诉父母。

（2）在父母的陪同下去正规医院做检查。

（3）生病是很正常的，不要害怕看病，早确诊可以早治疗。

亲子互动小剧场

在给孩子洗澡时，自然而然地引导孩子清洗自己的生殖器官，与孩子平静而自然地谈论保护生殖器官的各种注意事项。

第三章
不能不说的秘密：儿童手淫知多少

小孩子也会手淫？他们是从哪里学来的呢？你觉得小孩子手淫是不可思议的事情吗？请你摘掉有色眼镜，用一颗平常心看待孩子的手淫行为吧！

你的孩子手淫吗

你的孩子手淫吗？你是怎样看待孩子的手淫行为的？看到孩子用手抚摸自己的生殖器、用被子摩擦自己的生殖器、夹腿，你是觉得孩子变得不纯洁了，还是觉得孩子这样做事出有因呢？不要让你的偏见影响了你对孩子手淫行为的判断。了解儿童手淫的知识，可以帮助你更好地抚养、教育孩子。

小孩子也会手淫吗

手淫是儿童生长发育过程中的正常现象，对孩子来说，这就像吸吮手指一样，是一种自我安慰的方式。儿童手淫主要有两种方式：一是用手抚弄自己的生殖器以获得性快感，二是通过其他方式反复摩擦会阴部以获得快感。

绝大多数的儿童手淫都不带有性幻想，而只是为了得到性快感，因此，我们不能认为儿童手淫是一种病态行为。偶尔手淫是儿童成长过程中的正常现象，轻度手淫对身体并无害处，但是过度手淫则会给孩子带来身体与精神上的损害。因此，我们要正确地看待孩子的手淫行为。

儿童手淫有哪些特点

儿童手淫的表现与成人类似，如全身出汗、面色潮红、肌肉收缩、呼吸急促等，不过儿童的表现程度较轻微，并具有如下特点。

（1）主要通过夹腿、摩擦、坐硬物等动作刺激阴部，很少直接用手接触生殖器。

（2）发生频率没有一定的规律，持续时间不等。有的孩子持续时间很短，可能3分钟就结束了，有的孩子可能会持续30分钟。

（3）对外界环境有反应，孩子的注意力被分散后便会停止。

（4）医学检查无异常。

儿童手淫有哪些表现方式

儿童手淫的表现方式多样，并不限于性器官的活动。3~6岁是儿童手淫发生率较高的时期，父母只有了解了儿童手淫的表现方式，才能更好地处理孩子的问题。那么，儿童手淫有哪些表现方式呢？

1. 揉摸乳头和肚脐

女儿4岁，喜欢摸自己的乳头。每次她用拇指按压自己的乳头时都会有点激动。看到我在看她时，她会不好意思，于是便躲在被窝里摸。

身体的每个部位都可以是性敏感区，因此，孩子手淫时刺激的部位不仅仅是生殖器。常见的快感部位有胸部、肚脐、阴部等，孩子在这些部位获得过快感，他们就很容易将手淫的部位固定在上面。

2. 抚摸生殖器

儿子2岁，这段时间他对自己的生殖器很感兴趣，只要手上不拿东西，他总是会不自觉地去摸。吃饭的时候要摸一摸，上厕所之前也要摸一摸。

抚摸生殖器带来的快感往往比抚摸身体的其他部位强，所以，大多数孩子都会出现这种行为。2岁的孩子出现这种行为是正常现象，在他们看来，这就和摸鼻子、揪耳朵一样，并不值得大惊小怪。

3. 摩擦生殖器

女儿3岁，最近她睡觉时喜欢用两腿夹住被子，还特别用力。我让她盖好被子，不一会儿她就会再用腿夹住，感觉她用腿夹被子的时候很兴奋。

孩子用腿夹被子属于摩擦生殖器的一种行为，孩子还会利用其他物品摩擦生殖器来获得快感，比如床单、枕头，或者在床角、茶几角摩擦。如果孩子没有使用铅笔、钉子等会伤害身体的尖锐物品，家长则不必过度担忧。

4. 夹腿

儿子4岁，他从2岁开始就用双腿用力夹生殖器，在被子里蹭来蹭去的，憋得满脸通红。

孩子以夹腿的方式进行手淫行为的不在少数，男孩女孩都有夹腿的行为。发现孩子出现夹腿行为后，家长不必过分紧张，因为这并不代表孩子有心理或精神疾病。家长强硬的态度，反而会强化孩子的这种行为。

亲子互动小剧场

借助儿童绘本，给孩子讲一讲儿童手淫的知识，让孩子不必为已经出现的手淫行为感到羞耻。

孩子手淫就是学坏吗

当你发现孩子手淫时，你的第一反应是什么？是不是认为自己的孩子学坏了？当今社会，人们普遍将“性”视为不洁之物，将其与一个人的品质挂钩，于是人们习惯性地将手淫看成坏孩子的专利，并产生了“手淫=坏孩子”的想法。事实果真如此吗？难道孩子这么小就开始学坏了吗？

你了解儿童手淫的真相吗

在很多家长看来，手淫并不算是一件坏事，但是，这种行为出现在天真无邪的孩子身上，他们就无法接受了，会主观地认为自己的孩子变坏了。实际上，这也是大多数人对儿童手淫的普遍误解。那么，年幼的孩子究竟为什么会手淫呢？主要有以下五个原因。

1. 性本能与好奇心的驱使

孩子从出生开始就不断地探索周围的世界，包括自己的身体。当他们触摸身体的某些部位并产生愉悦感后，这种愉悦的感觉会促使他们不断地重复此类行为，并形成条件反射，长此以往，孩子就出现了手淫行为。

性是人类的本能，而好奇心也是人类的本能。性本能与好奇心的结合便驱使孩子产生了手淫行为。

2. 家长逗弄孩子的敏感部位

出于对孩子的喜爱，有些家长经常会抚摸、逗弄孩子的生殖器。我们经常见到有些家长或者亲戚玩弄男孩的生殖器，一边玩弄一边哄笑。生殖器对外界刺激的感受比较强，如果经常受到外界的刺激，孩子就很容易产生一种微妙的感觉，即使成人不去逗弄，孩子自己也会为了寻求快感而抚弄自己的生殖器。久而久之，孩子就养成了手淫的习惯。

3. 不良的卫生习惯

有些家长对孩子的生殖器官卫生没有加以足够的重视，生殖器官很容易因不卫生而感染发痒，出现炎症，例如女孩的外阴部炎症或湿疹，男孩的包皮炎症等。这时，孩子就会通过抓挠来消除不适感，进而形成习惯性的手淫行为。

4. 情感需求得不到满足

孩子的手淫行为不仅与个人的生理卫生习惯有关，还与心理因素有关。父母对孩子较冷淡，平时对孩子的关心不够，孩子的情感需求得不到满足，他们就会通过寻求其他的刺激来得到安慰。孩子缺乏父母的陪伴与关爱，父母之间不和睦、总吵架，孩子就感受不到父母的爱，在缺爱的环境中，孩子更容易出现手淫行为。

5. 宣泄负面情绪

“望子成龙”“望女成凤”是大多数家长对孩子的美好期盼。在当今的时代背景下，越来越多的家长开始关注孩子的学习成绩与特长培养，给孩子报名种课后辅导班与特长班。在这样的学习压力下，孩子的情绪紧张焦虑难以疏解，便有可能通过手淫的方式宣泄。

如何看待孩子的手淫行为

孩子虽然可以通过手淫获得快感，但是从本质上来看，儿童手淫是好奇心、生理需求与心理需求的外在表现，因此，孩子偶尔玩弄自己的生殖器是正常的现象。只要他们没有养成长期手淫的习惯，家长就不必对孩子的行为大加指责，以免孩子对性产生恐惧感，引发性心理障碍。

虽然儿童手淫的种种表现与性行为很相似，但这并不代表儿童性早熟。家长要知道：儿童手淫并不会给孩子带来身体上的疼痛和器官的损伤，也并不是什么可耻的事情。因此，家长不必有精神上的负担，也不应因为孩子手淫就觉得孩子变坏了，更不能用成人的思想去理解孩子的手淫，进而去批评孩子。

亲子互动小剧场

告诉孩子你对手淫的看法，让孩子懂得手淫是一种私密的活动，在公共场所或者人多的地方手淫是一种不礼貌的行为。

孩子“手痒痒”，家长怎么办

看到孩子手淫，你会严厉地制止吗？如果制止了孩子，你会不会担心孩子的心理健康受到影响？如果没有制止孩子，你会不会担心孩子长期手淫？面对孩子出现的问题，很多家长都会感到无所适从。看到孩子“手痒痒”，家长应该怎样应对呢？

解决孩子“手痒痒”的问题，家长可以从以下几方面着手。

1. 以平常心对待，忌小题大做

如果孩子对自己的鼻子很好奇，经常用手摸一摸自己的鼻子，你会觉得这是个很严重的问题吗？如果孩子的后背很痒，他用手挠了挠，你会觉得挠痒痒不对吗？那么，当孩子对自己的生殖器感兴趣，用手玩一玩时，为什么你会紧张焦虑呢？

女儿5岁，有一天晚上睡觉前，我看到女儿自己趴在床上，手放在两腿之间不停地使劲，还不时地发出急促的呼吸声。我问她这个行为是从哪里学来的，她说是自己无意间做了这个动作，觉得很舒服，于是后来就经常这样做了。

手淫是儿童自我探索、自我娱乐的一部分，家长应以平常心对待孩子的手淫行为。发现孩子正在手淫，家长不应以恐吓、威胁的方式阻止孩子，也不要向孩子传达出“手淫是肮脏、可耻的行为”这种观念。

家长应这样告诉孩子：“大腿内侧是身体的重要部位，我们的手上有很多细菌，会弄脏这些部位，所以不要用手去玩这些部位。”

2. 帮助孩子养成良好的卫生习惯

你做好孩子的卫生清洁工作了吗？

女儿5岁，我们在客厅一起看电视时，我发现她总是时不时地触碰自己的阴部。我们一起做游戏时，她也会经常地挠一挠。我告诉她这种行为不好，可是没有效果。

无论是男孩还是女孩，家长都应该让孩子养成良好的性卫生习惯，如每天晚上睡觉前清洗外生殖器等。当孩子出现类似手淫的行为时，家长还应检查一下孩子的阴部是否发炎，孩子的裤子是否太紧等。为孩子提供宽松、舒适的内衣裤，注意孩子阴部的卫生，可以在一定程度上减少孩子手淫。

家长应这样告诉孩子："你的内裤是不是穿起来不舒服呢？明天妈妈给你换一条宽松点的吧。要是觉得身体不舒服，一定要告诉妈妈哟！"

3. 重建亲子关系，陪伴关爱孩子

请你扪心自问："我陪伴孩子的时间足够多吗？""我给予了孩子足够的爱吗？""孩子是不是缺爱呢？"当孩子出现手淫行为时，请你先从自己身上找原因。

儿子6岁，刚上小学一年级。班主任老师告诉我，除了上体育课，儿子上其他课时都会玩小鸡鸡。由于工作忙，因此在孩子3岁时，我们把他送到了全托幼儿园。我不知道是不是我平时教育孩子的方式有问题，不然孩子怎么会出现这种行为呢？

孩子在幼年时没有能力要求父母给予自己足够的陪伴与关爱，他们的情感得不到满足，就可能通过手淫的方式来满足自己的情感需求。面对缺爱的孩子，家长要多陪伴、关爱他们，如跟孩子一起做游戏，给孩子讲故事等，让孩子感受到父母的爱。

家长应这样告诉孩子："小鸡鸡是我们重要的器官之一，可不能随便用手玩哟！我们一起来玩搭积木的游戏吧！"

4. 转移孩子的注意力

你的孩子是不是经常感到无聊呢？孩子的手是不是无事可做呢？如果是这样，那就试着转移孩子的注意力吧！

儿子2岁，每次吃饭的时候，他都会用两只手触摸自己的小鸡鸡，看起来很舒服的样子。我告诉他要好好吃饭，可他根本不听。

很多父母对孩子的事情选择包办，因此孩子很少得到锻炼，无聊的他们自然就会找其他的娱乐方式。面对因为“无事可做”而手淫的孩子，家长可以试着转移孩子的注意力，让孩子“有事可做”。例如，在饭桌上，家长可以让孩子自己用手吃饭。将孩子的注意力转移到其他事情上，自然就会降低孩子手淫的概率。

家长应这样告诉孩子：“你2岁了，已经是个大宝宝了，要自己用手吃饭哟！”

5. 寻求专业协助

在尝试多种方法之后，孩子的手淫情况有没有得到改善？如果没有，你是不是担心孩子会出现什么疾病呢？那就寻求专业人士的帮助吧！

女儿2岁时出现过夹腿的行为，我采取转移注意力的方式，她有了明显的好转，但是在2岁半以后，她又出现了这种行为。

面对孩子出现的问题，如果家长不知道怎么做，就应该寻求专业人士的帮助，如咨询心理师或者儿科医生。

家长应这样告诉孩子：“我们明天要去见一位新朋友，到时候他会跟你做个游戏，你要好好配合他哟！”

知识小剧场

满足孩子的生理需求与心理需求很重要，不要让孩子因单纯的“手痒痒”而受到严厉的斥责。

家长对孩子手淫的认识误区

很多家长都知道孩子手淫是一种正常的现象，但是由于受到传统文化与社会道德的影响，自身的观念还是难以转变，因此他们对儿童手淫的认识还存在一些误区。本节针对成年人对孩子手淫的几点认识误区进行解读。

对于孩子的手淫问题，家长主要存在以下几点认识误区。

1. 手淫是可耻的行为

家长误解：手淫是一种十分不好的行为，孩子手淫表示其道德败坏，没有羞耻心。

正确解读：家长应转变自己的观念，正确理解、认识孩子的手淫行为。孩子手淫的原因多种多样，但是我们要相信自己的孩子，关注孩子的感受，不要将自己错误的道德认知强加给孩子。

2. 孩子手淫是生病了

家长误解：孩子手淫一定是生病了，不然，乖巧的孩子为什么会做这种下流的行为呢？一定是孩子身体中缺少某些元素，是不是缺钙、缺锌呢？

正确解读：孩子通过手淫的方式来寻求快感是正常的行为，所以家长不必大惊小怪，更不能以孩子生病为由逃避孩子手淫的事实。其实，孩子手淫的行为就像我们去餐厅吃饭一样，如果在一家安静温馨的餐厅吃饭我们觉得很舒服，那么以后我们就会经常去这家餐厅吃饭。在孩子的成长过程中，有些孩子会出现手淫行为，有些孩子不会出现手淫行为，这都是正常的。家长不要戴着有色眼镜看待孩子的手淫行为。

3. 手淫有害健康

家长误解：手淫会引发身体疾病，甚至会影响以后的生育。

正确解读：没有任何研究表明手淫会引发孩子的身体疾病，因此，家长不应想当然地认为手淫有害健康。当然，如果孩子频繁手淫，又不注意生殖器官的卫生，就有可能引发感染。一般来说，手淫是不会引发身体疾病的，更不会影响生育。

4. 孩子手淫是因为遗传

家长误解：孩子手淫是因为遗传，很多妈妈的夹腿行为都会遗传给女儿。

正确解读：女孩出现夹腿的行为是很常见的，不论父母有没有夹腿的行为，孩子都有可能会夹腿。夹腿是每个人生命发展的自然行为，家长不必因为自己曾经的手淫行为而感到自责、担心。

5. 手淫会刺激孩子性早熟

家长误解：孩子手淫就是在进行性活动，这会促使孩子性早熟，会让他们想要提前体验性活动。

正确解读：手淫本身是孩子性欲发展过程中的一种常见行为，没有研究证实手淫会引起性早熟。如果孩子检查出性早熟，家长要在医生的指导下，积极地寻找引起儿童性早熟的原因，但是不要将注意力只放到孩子的手淫上。

6. 手淫会影响孩子的学习

家长误解：手淫会影响孩子的学习，上课的时候，孩子会因为夹腿等行为分散注意力，不注意听讲；写作业的时候，孩子会因为手淫不认真写作业。孩子的成绩会因为这些不好的行为而有所下降。

正确解读：影响孩子学习成绩的因素很多，如孩子的学习兴趣、学习情绪、对老师的喜爱程度、对所学知识的接受能力等，家长不应将孩子的学习成绩下降单纯地归结到孩子的手淫行为上。因此，当孩子的学习成绩下降时，家长要从多个方面综合考虑。当然，如果孩子上课时频繁出现夹腿等行为，确实会影响学习。面对这种情况，家长首先要了解孩子出现这种行为的原因，而不是一味地批评。只有对症下药，才能快速有效地解决问题。

知识小剧场

英国著名的性心理学家霭理士在《性心理学》一书中提出这样的观点："手淫是有害处，那害处并不由于手淫本身，而在于社会对手淫的态度以及此种态度在神经敏感的人心理上所引起的反应。社会的态度使其羞愧，这种不断出现的内心挣扎，与挣扎后失败的创伤，才是手淫的真正恶果。"

第四章

孩子也会吃醋？无处安放的“依恋”

孩子总是黏着你，一刻也离不开；孩子的专属物品不让别人碰；毛毯脏了不让洗……这些都是依恋心理在作祟。本章将为你解密孩子的依恋情结，了解小孩子的大心理。

解密孩子的“恋物情结”

你有没有这样的经历：孩子经常抱着特定的玩偶睡觉，或者对着一个芭比娃娃说悄悄话，如果你把这些东西从孩子身边拿走，他就会大吵大闹。面对这种情况，你是怎么处理的呢？是指责孩子不懂事，还是依从孩子的意愿呢？其实，孩子出现这样的情况大多是出于恋物心理。

你的孩子有恋物行为吗

孩子对某种物品特别依恋，甚至到了形影不离、难舍难分的地步，一旦将这件物品拿走，孩子就会变得焦躁不安。这就是孩子恋物心理的基本表现。你的孩子出现过这样的行为吗？

大多数孩子在6个月至3岁之间会出现恋物行为，因为在这个阶段，孩子正在从“完全依恋”的状态走向“完全独立”的状态。例如，很多宝宝会依靠安抚奶嘴度过吮吸期；在试着自己睡觉时，宝宝会抱一个熟悉的玩偶；在去一个陌生的地方做客时，宝宝会带上自己熟悉的玩具。

孩子为什么会恋物

孩子恋物主要是出于缺乏安全感而引起的心理需求，可以说，恋物是孩子的一种心理安慰。造成孩子恋物的原因主要有以下三点。

1. 用物品代替妈妈

孩子对妈妈的依恋情结是很重的。当妈妈要离开时，有些孩子为了满足自己对妈妈的依恋，就会用妈妈的一些物品来代替妈妈，这样，孩子就会觉得妈妈仍然陪在自己身边，从而产生一种安全感。

2. 对新环境的恐惧感

如果将孩子置于一个陌生的环境中，他们就会产生恐惧感，变得不知所措，这时，原本熟悉的物品会成为他们的心理慰藉，帮助他们克服心理的恐惧与焦虑。因此，孩子便会对这些熟悉的物品投入更多的情感，进而出现恋物行为。

3. 情感没有得到满足

一方面，孩子与家人分离、家庭关系不和谐、父母争吵不断等情况会使孩子焦虑、紧张，孩子的亲子情感需求无法得到满足，于是，为了获得安全感，孩子自然而然地会将注意力转移到周围的物品上，试图通过这些物品获得心理安慰；另一方面，没有玩伴的孤独感会促使孩子将主要精力集中到自己的物品上，为了弥补情感的空缺，孩子会对某些物品产生依恋。

“孩子恋物”系列问题答疑集锦

1. 问：孩子恋物会持续多久？

答：孩子恋物持续的时间因人而异，有些孩子的恋物时间很短，有些孩子的恋物行为则会持续到他们上小学。

2. 问：孩子恋物是否会影响健康？

答：恋物本身不会对孩子的成长产生消极的影响，只要情绪、行为等方面发育正常，孩子对物品的依恋就不是异常的。但是家长要保证孩子的安全，如给6个月以上的婴儿提供的玩具不应带有小挂饰，以免孩子误食。

3. 问：孩子恋物就是恋物癖吗？

答：恋物不等同于恋物癖，家长要将这两者区分开来。恋物是孩子成长过渡期的一种依恋行为，是孩子生理与心理发展的正常现象；而恋物癖是一种心理疾病，患者多为成年人，通常从青春期开始，主要表现为将无生命的物品作为性唤起及性满足的刺激物。

4. 问：为什么有的孩子不恋物？

答：孩子不恋物有两种可能。一是妈妈或者照顾者经常在他身边，孩子不缺乏安全感，自然也就不需要替代性的安全物；二是孩子用其他方法来安慰自己，如吮吸手指。

5. 问：孩子恋物需要纠正吗？

答：孩子恋物是一种心理需求的体现，并不是病态的。一般来说，孩子的恋物行为不需要刻意纠正，但是对那些对物品过于依恋的孩子，比如自己的被子脏了也不让洗，吃饭、睡觉都拿着小玩偶，家长就需要进行适当的干预。

知识小剧场

不是每个孩子都会恋物。如果你的孩子并不依恋某样玩具，你也没必要强迫他，因为恋物与不恋物都是正常现象。

“我的小毛毯不准洗”

孩子的小毛毯不让洗，这是为什么呢？为什么孩子对某些物品这么敏感呢？家长不要慌，这可能是因为孩子存在恋物心理，对依恋物有一种特别的情感。那么，什么样的物品容易让孩子迷恋呢？

常见的依恋物

常见的依恋物有以下几种。

1. 乳房、安抚奶嘴

吃是宝宝最基本的需求。当这种需求无法得到满足时，宝宝就会对与其相关的物品产生兴趣，以获得一种替代性的满足感。此时，乳房与安抚奶嘴就成了宝宝的不二选择。乳房可以让宝宝产生温暖舒适的感觉，安抚奶嘴可以让宝宝产生陪伴感，这两种物品都会给宝宝带来妈妈般的感觉，从而让宝宝产生安全感。

2. 毛毯等柔软物品

柔软的物品能传达出令人心安的信息，因此，有些孩子会依恋自己熟悉的毛毯、被子、毛绒玩具等柔软的物品；而且，这些柔软的物品带给孩子的触觉感受也是十分舒服的，他们会觉得温暖而舒适。这就不难理解，为什么有些孩子非要抱着自己的毛绒玩具睡觉。

3. 玩具

当孩子缺乏安全感时，他们需要利用自己可以掌控的物品来寻求心理上的安慰，而玩具无疑是他们最好的选择。于是，慢慢地，孩子便会对自己的某件玩具情有独钟。家长要知道，不是所有的小孩子都喜欢新玩具，家长千万不要自作主张，将孩子的旧玩具或者玩坏的玩具扔掉，因为在孩子看来，这件玩具很可能是他最好的朋友，是他情感的寄托。

4. 父母的身体

你的宝宝会不会经常摸你的耳朵、头发或其他地方？有些宝宝对父母的身体有一种依恋感，如在妈妈的怀抱里入睡时需要摸着妈妈的头发，跟爸爸玩耍时喜欢抓爸爸的手等。当宝宝把手伸向你的耳朵、头发时，请你不要强硬地制止宝宝，而要以一种舒服的姿势带给宝宝安全感。

依恋物的特点

孩子是随便选择依恋物的吗？这些依恋物有哪些特点呢？

1. 独特的味道

味道独特是宝宝依恋物的重要特质之一，这种味道会让宝宝在烦躁不安时获得一种安全感。这也就是为什么有些宝宝宁愿盖脏了的被子也不愿意换新的，为什么有些宝宝会喜欢拿妈妈穿过的衣服。

2. 熟悉的程度

很多宝宝都是很“专情”的，不会“喜新厌旧”“移情别恋”。为什么宝宝宁愿玩旧玩具也不愿意要新的呢？其实，这是因为宝宝很熟悉旧玩具，因为熟悉，所以放心、安心。

小贴士 孩子的依恋物不是随便选择的，也不是他们心血来潮就决定的。可以说，依恋物对孩子来说不仅仅是一个玩具或一条毯子，而是他们的朋友，是他们情感的支持。

亲子互动小剧场

跟孩子谈一谈他的日常用品与玩具，询问孩子对这些物品的态度，看看孩子是否存在恋物情结，并判断孩子的恋物程度。

孩子恋物，家长怎么办

孩子出现正常的恋物行为，家长可以顺其自然，给予适当的关注。孩子出现过度的恋物行为，家长则要给予更多的关注。

那么，在孩子的恋物问题上，家长如何做才能帮助孩子呢？主要有以下几种方法。

1. 不强制戒除孩子的恋物行为

儿子有一条蓝色的小被子，从出生到现在，他一直都离不开这条小蓝被。3岁之后，这条被子已经很小了，但是儿子仍然要留着这条小蓝被，现在他要上小学了，我们觉得要改正他的这种行为，于是就把小蓝被藏了起来，可是他看不到小蓝被就不肯睡觉，哭闹不止，我们只好“乖乖地”把小蓝被交出来。

要消除孩子对物品的依恋，家长不应采取强制性的措施，而应该逐步引导。如果让孩子突然间失去“依靠”，孩子就会产生恐惧、焦虑等消极情绪，恋物行为甚至会反弹，变得更加严重。家长可以用其他相似的被子代替小蓝被，给孩子提供多种选择。

2. 尊重孩子的感受，不羞辱孩子

4岁的女儿睡觉的时候要拿着一条手帕才能睡，不然她就不肯睡觉。有时候，我觉得孩子这样无理取闹很烦，就会说孩子几句。被我说过之后，她虽然不再大喊大叫了，但是又开始自己偷偷地抹眼泪。我看着挺心疼的，也有些后悔，可是有时候就是觉得忍无可忍。

在孩子因为恋物而哭闹时，家长不能用发脾气的方式让孩子安静下来，否则只会让孩子产生消极情绪，更无法感受到父母的爱。此时，家长应该温柔地告诉孩子手帕洗了，第二天就能看到，或者给孩子讲故事，陪孩子睡觉。

3. 提供丰富的玩具，转移孩子对依恋物的兴趣

3岁的儿子很喜欢他的玩具汽车。有一次我们去公园野餐，到了公园，儿子没有找到玩具汽车，他就开始哇哇大哭，不管我们怎么说都不管用。于是，我们只好将刚摆出来的东西收拾好，开车回家。

如果孩子的恋物情结很严重，家长可以为孩子提供类似的玩具，逐渐弱化孩子对某一件玩具的注意力，然后再提供丰富的玩具让孩子选择。

4. 陪伴孩子，建立良好的亲子关系

3岁的女儿不论走到哪儿都要带着她的小熊玩偶。虽然玩偶已经又破又脏，我们也给孩子买了其他玩具，可她就是对小熊玩偶情有独钟。

由于缺少父母的陪伴，因此很多孩子会将自己对父母的依恋转移到对物品的依恋上。面对这种情况，家长应多陪伴孩子，与孩子进行一些亲密的身体接触，共度美好的亲子时光，满足孩子的情感需求，从而增强孩子的安全感。

5. 鼓励孩子社交，为孩子创造与同龄人相处的机会

5岁的女儿很害羞、胆小，她经常对着芭比娃娃自言自语，却很少跟同龄的小朋友们一起玩。我带女儿去超市、商场、公园时，她都要拿上自己的芭比娃娃，不然就不肯出去。

因为缺少玩伴而产生的孤独感使得孩子将自己的情感投注到了芭比娃娃玩具上。如果你的孩子出现这样的情况，则你要做的不是改

善孩子的恋物情况，而是改善孩子的生活环境，为孩子创造与同龄人相处的机会，鼓励孩子社交。这样一来，孩子的恋物情况自然而然便会弱化。

知识小剧场

为了预防孩子出现恋物行为，家长在选购孩子的用品与玩具时，可以有意识地多准备几个，使孩子不会对其中的某样物品“专情”。

“我要和妈妈（爸爸）结婚”

“妈妈（爸爸），我要和您结婚。”你的孩子对你说过这样的话吗？你又是怎样回答的呢？当孩子说出这种话时，很多父母都会当成一句玩笑话一笑而过，其实，这预示着你的孩子可能进入了恋父期或者恋母期。此时，家长的正确引导对孩子的性心理发展会产生重要的影响。

情景再现

女孩版：

“这块西瓜甜，我要留给爸爸。”

“妈妈呢？”

“妈妈吃苹果。”

男孩版：

“妈妈，我要跟你结婚。”

“可是我已经跟爸爸结婚了啊。”

“那我把爸爸扔出去。”

你是被孩子偏爱的那一个，还是被打入“冷宫”的那一个呢？受到孩子这样的对待，你的心情是怎样的呢？其实，孩子会出现这种行为，是因为进入了恋父期或恋母期。从3岁左右开始，孩子会从与母亲一体的关系中分裂开来，将较大部分的情感投向父亲。在这个过程中，女孩更爱父亲，因排斥母亲与自己争夺父亲而对母亲产生仇恨；男孩更爱母亲，从而排斥父亲。这也就是我们常说的“恋父情结”与“恋母情结”。

恋父情结

恋父情结，也叫“厄勒克特拉情结”，主要指女孩亲父反母的复合情绪。恋父情结并不等同于爱情，而是孩子对父亲产生的一种敬佩、依靠之情。不论是男孩还是女孩，都有可能产生恋父情结，大多数人在某一年龄段会产生恋父情结。一般来说，女孩在3~5岁时常常会表现出不同程度的恋父反母行为，随着年龄的增长，女孩的恋父情结会逐渐消退。

正常的恋父情结对女孩的性格养成有一定的帮助。在与母亲争夺父亲的过程中，女孩会模仿母亲的行为，以期得到父亲更多的关注与爱，这对女孩的性格发展具有积极的意义。

恋母情结

恋母情结，也称为“俄狄浦斯情结”，主要指儿子亲母反父的复合情绪。恋母情结并非爱情，而是大多数人对母亲产生的一种欣赏、敬仰之情。在儿童时期，几乎所有人都有恋母情结。到了6岁左右，孩子的恋母情结会逐渐消退。

在恋母期，男孩会效仿父亲的某些行为，学习父亲身上的品质，因而会变得更加稳重，有责任感。

如何回应孩子的“求婚”

父母是孩子的第一个“恋人”，孩子向父母“求婚”是他们恋父恋母的情感表达，他们觉得结婚之后就可以跟自己爱的人永远在一起，可以说，这也是他们表达爱意的一种方式。因此，当孩子说要跟你结婚时，不要嘲笑孩子，也不要忽略孩子对你的爱，而要帮助孩子认清他们与父母的关系，让孩子知道自己是不能与父母结婚的。这样可以在一定程度上帮助孩子脱离恋父或恋母情结。

“妈妈，我长大了您当我的新娘好不好？”

“为什么要妈妈当你的新娘呢？”

“我喜欢妈妈，想跟妈妈永远在一起。”

“妈妈已经当过爸爸的新娘，不能再当你的新娘了，你可以找一个喜欢的女孩当你的新娘。”

“我让小丽当我的新娘可以吗？”

“那你要问问小丽愿意不愿意哟！”

小贴士 被孩子偏爱的一方要帮助孩子认清爸爸妈妈与他这三者之间的关系，逐渐减轻孩子的恋父或恋母情结。

亲子互动小剧场

给孩子讲你们的结婚故事，让孩子通过视频、照片等了解你们结婚的情形，让孩子成为你们爱情的见证人。

孩子吃醋为哪般

我们都知道陷入爱情中的男女会吃醋，这是因为爱情具有排他性。其实，孩子也会吃醋，只是因为年龄小，很多家长都会忽略孩子的吃醋行为，将孩子不友好的攻击行为定义为“开玩笑”。那么，孩子究竟为什么会吃醋呢？

理解孩子的吃醋心理

孩子吃醋，对父母中的异性一方产生独占倾向，这是许多孩子成长过程中的必经阶段。如果父母的应对方法不当，孩子就无法顺利地度过这个阶段，从而影响身心的健康发展。因此，理解孩子的吃醋心理，然后对症下药，是十分重要的。

1. “妈妈是我自己的”

儿子2岁，一见到我跟他爸爸拉着手，他就会很激动，硬要将我们拉着的手分开。如果我们故意不松开，孩子就会很生气，甚至会用牙咬他爸爸的手。

对0~3岁的孩子来说，他们的依恋对象主要是妈妈。在他们看来，自己与妈妈是一体的，是不可分割的。在这种独占心理的影响下，孩子会自然而然地拒绝他人介入自己与妈妈中。一旦爸爸对妈妈表现出亲密行为，孩子就会觉得自己的主权受到了侵犯，因此，他们会通过自己可以采用的手段来表达不满，如攻击爸爸、哭闹等。

2. “我才是和爸爸最亲密的人”

女儿5岁多，虽然平时与她爸爸相处的时间并不多，但跟他爸爸还是特别亲。每次她爸爸下班回到家，她都表现得很乖巧，给她爸爸拿拖鞋、倒水。我让她做些什么，她会给我一个白眼；可是，爸爸让她去做，她就会乖乖地听话。我感到很难受，感觉女儿要和我争她爸爸似的。女儿为什么会这样呢？

女孩在潜意识中会与母亲争夺父亲，希望自己成为和爸爸最亲密的人。因此，在自己喜欢的人面前，孩子会表现得乖巧可人，而面对自己的“情敌”——母亲，她们则会有反叛、愤恨的情绪。男孩也是如此，会存在亲母反父的恋母表现。

孩子吃醋怎么办

孩子表现出吃醋，对自己的父母有攻击的行为，这是他们恋父或者恋母情感的发展过程。被孩子冷落、攻击的一方不应与孩子置气；被孩子偏爱的一方更要让孩子明白各方在这段感情中的位置，从而让孩子“知难而退”，不再与自己的父母开展争夺战。

1.“您爱我还是爱他（她）”

当孩子问你“您爱我还是爱他（她）”时，你会不会感到忍俊不禁？但是如果你只是简单地回答“都爱”，则显然无法满足孩子，他还会紧追不舍地提问。那么，如何回答孩子提出的这类问题呢？你不妨这样说：“我很爱你的爸爸（妈妈），我和爸爸（妈妈）都很爱你！”

回答此类问题的关键是满足孩子的被爱需求，让孩子知道爸爸妈妈都是爱他的。此外，被孩子偏爱的一方也要让孩子知道被他冷落的一方对自己来说也是很重要的，从而逐渐让孩子明白自己在这场感情争夺战中“没戏”，进而结束这场无谓的“战争”。

2. 孩子不让父母亲密

当爸爸妈妈靠在一起看电视时，孩子看到会跑过来坐到中间，把爸爸妈妈分开；当爸爸要抱妈妈时，孩子会用手推开爸爸；当爸爸妈妈聊天笑得很开心时，孩子会故意把爸爸叫到一旁说悄悄话……这些都是孩子吃醋的表现。那么，父母如何做才能让孩子不再醋意大发呢？父母可以让孩子参与到双方的活动中，比如，跟孩子一起看电视；爸爸把妈妈和孩子一起抱在怀里；当孩子跟爸爸说了悄悄话后，爸爸也要把这个悄悄话告诉妈妈……

孩子醋意大发时，即使我们说再多的道理也没用。此时，被孩子偏爱的家长不妨采取“怀柔”策略，做孩子与被冷落家长的黏合剂，将一家人紧密地联系到一起。让孩子知道爸爸（妈妈）在妈妈

（爸爸）心中的地位是不可撼动的，孩子在爸爸妈妈心中的地位也是不可撼动的。给予孩子充足的爱，帮助孩子建立安全感，可以帮助孩子顺利地度过恋父期或恋母期。

亲子互动小剧场

当孩子进入恋父期或恋母期，出现了偏爱父母一方的行为后，另一方家长可以多与孩子接触、交流，与孩子进行亲子活动，增进亲子关系。

陪孩子度过恋父恋母期

在恋父恋母期，孩子会特别依恋自己父母中的异性一方，而对同性一方产生对立的情感，这是孩子成长过程中的正常现象。父母的正确对待与积极引导将会帮助孩子顺利地度过这个阶段，并使其丰富自己的性格与情感，成长为有责任感的小男孩、有爱心的小女孩。

要想陪孩子顺利地度过恋父恋母期，父母应该怎么做呢？可以从以下几点着手进行。

1. 将孩子看成“小大人”

儿子6岁多，我经常跟他一起洗澡。洗澡时，儿子经常会摸我的大腿和乳房，这让我有些不自在。我想批评儿子几句，但是又怕这样做会伤了他的心。我该怎么做呢?

4岁以上的孩子完全可以自己独立洗澡，父母只要教会孩子如何洗澡，他们就能做好脱衣服、洗澡、穿衣服的整个洗澡过程。让孩子独立洗澡可以让他对保护自己的身体隐私和尊重他人的身体有更深入的认识。另外，家长应该将孩子看作“小大人”，在孩子面前注重自己的行为举止。

家长的正确做法：告诉孩子洗澡的步骤及方式，让孩子学着自己洗澡。不要总是将孩子当成长不大的小孩，而应该将孩子看成“小大人”。父母应约束自己的行为，这样，孩子才能规范自己的意识与行为。

2. 有了孩子也要有“二人世界”

女儿5岁多，由于她爸爸工作忙，每天早出晚归的，因此他为了弥补对孩子的亏欠，每次下班回家都会一直陪着孩子。每逢节假日，我们全家人都一起出去游玩，有时候女儿与爸爸还会有些小秘密不让我知道。最近，我感觉女儿对我越来越不满了，这是怎么回事呢?

在恋父恋母期，孩子会想取代爸爸或妈妈，成为和妈妈或者爸爸最亲密的人。此时，父母要让孩子理解父母的关系，让孩子知道自己是无法取代其中一方的，这样，孩子就不会独自霸占爸爸或妈妈，也会清楚自己在家庭中的位置。

家长的正确做法：在一些特殊的日子，父母可以继续过二人世界。如在结婚纪念日、情人节等，父母可以约会、看电影等，纪念双方的爱情。充满仪式感的二人活动会让孩子意识到“爸爸妈妈是一伙的”，孩子自然也就不会以截然相反的态度对待父母。

3. 让孩子加入亲密关系

女儿4岁，有一天早上，我在做早餐，老公走进厨房跟我说起了情话：“我的宝贝，你辛苦了！”女儿在客厅听到了这话，便喊道：“爸爸，难道您的宝贝不是我吗？您不是最爱我吗？”听到这话，我们夫妻俩都笑了。她爸爸赶紧回答说：“你是我的小宝贝，妈妈是我的大宝贝，你们俩都是我最爱的宝贝！”听到这话，女儿才松了一口气。

孩子对父母有依赖感，这是他本能的情感，父母要尝试着理解并体恤孩子的情感，让孩子融入夫妻亲密的情感关系中。这样就可以避免孩子因为缺少爱而导致心理发展受阻。

家长的正确做法：与孩子一起做亲子游戏，不吝于表达对丈夫（妻子）及孩子的爱，让孩子在充满爱的和谐的家庭氛围中成长。

5. 让孩子与他人多接触

儿子4岁半了，性格很内向，总是黏着我。去亲戚家串门时，儿子不跟同龄的小朋友们一起玩，只是跟着我走。去商场时，儿子也经常会跟我一起去女厕所。看到别人异样的目光，我心里很不是滋味。

孩子平时与别人接触得少，自然而然会将过多的依恋放到自己亲近的人身上，要想改变孩子的这种状态，父母就要让孩子多接触其他人，转移孩子的注意力。

家长的正确做法：带孩子多参加一些社交活动，让孩子跟同龄的小朋友们一起玩耍。适当地放手，让孩子自由地成长，他反而会成长得更快。这也有利于他将对父母的单一依恋转移、分散到更多的人身上。

知识小剧场

爸爸妈妈要摆正自己在家庭中的位置，不要因为高兴就在与孩子接触时失去了分寸与界限。陪孩子度过恋父恋母期，长大后的男孩才会更像男孩，女孩才会更像女孩。

你有恋子情结吗

在孩子出生前后，你的思想、情感都发生了哪些变化呢？你有没有将全部的注意力都集中到孩子身上，以孩子为中心呢？你有没有对孩子产生依赖心理呢？在孩子上幼儿园之后，你有没有觉得失落、不安呢？

什么是恋子情结

恋子情结并没有科学而标准的界定。有恋子情结的父母大多会表现出以孩子为中心，并对孩子产生依赖心理。一旦孩子长大独立，父母就可能出现“爱过剩”的问题，从而产生失落、焦虑等心理。

1. “我的孩子不哭也不闹，他是不爱我了吗”

如果刚满3岁的儿子第一天上幼儿园，不哭也不闹，看到他跟小朋友们一起高兴地玩耍，你是什么感受？很多家长都将大部分的关注点放在孩子身上，于是当他们发现孩子的注意力转移到家长以外的人或物上时，他们就会产生失落甚至是焦虑心理，这就是恋子情结的一种体现。

2. “孩子还小，还需要我”

“孩子还小，他自己穿不好衣服。”“孩子还小，需要我给他喂饭。”“孩子还小，我每天都得提醒他把课本装到书包里。”……一句“孩子还小”，就将你对孩子的依赖转变成了孩子对你的需要。

7岁的孩子不会自己系鞋带，考上大学需要父母陪读……一条条新闻既让我们震惊，又让我们唏嘘。不要再让你的依赖毁了孩子的成长与进步。

为什么会产生恋子情结

1. 对现实不满，寄希望于子女

当父母在生活和工作中不顺心、不如意时，为了逃避自己应承担的责任，有些父母就会将自己的生活重心转移到孩子身上，将成功的希望寄托在孩子身上。

2. 情感不满足，转移情感寄托

当夫妻感情不和时，一方为了满足自己的情感需求，就会将更多的爱给孩子，以求得情感与心理上的满足。久而久之，家长就会视孩子为自己的精神支柱、精神配偶，也就产生了恋子情结。

如何缓解自己的恋子情结

父母和孩子的依恋是相互的。父母的恋子情结也会催生出孩子的恋父或恋母情结，这对孩子性格的养成与综合能力的发展都是不利的。因此，家长要试着缓解自己的恋子情结，不要让自己的焦虑与紧张影响了孩子。具体来说，家长可以从以下两个方面着手。

1. 调整心态

人生不如意事十之八九。在生活、工作中遇到挫折，受到打击，都是很常见的事，我们不必因此就否定自己，抱怨生活。调整好自己的心态，不要把自己的生活压力与工作压力附加到孩子身上，也不要丢失了自己。请你牢记，你有自己的生活、自己的人生。

如果你需要与人分享，那么不妨向自己的另一半倾诉，花更多的时间维系双方的感情，与对方来一场说走就走的旅行。这些做法岂不是更美好？

2. 学会放手

孩子是独立的个体，不是你的附属品，你无法让孩子完全按照你的想法去生活。适当地放手，让孩子自由地成长，独立完成力所能及的事情，这才是孩子成长所需要的环境。不要总觉得孩子还小。在你过度的呵护下，孩子永远都长不大。父母要做的就是尊重孩子成长的权利，学会放手，让孩子为自己的人生负责。

知识小剧场

爱不是捆绑，而是一种力量，一种凝聚力，这种凝聚力可以给家人安全感。父母不应将自己的感情全部投射到孩子身上，而应该为自己的生活负责，活出最好的自己，为孩子树立一个好榜样。

第五章
身体红绿灯：隐私部位亮红灯

孩子跟小朋友们一起玩的时候，怎样才能保护好自己呢？如何告诉孩子防范坏人呢？你是不是正在为这些问题而烦恼？对孩子进行性隐私教育必不可少，但是怎样告诉孩子，才能让他们更容易接受，不会对他们的心理健康产生不良影响呢？

隐私部位是身体的“红灯区”

儿童遭受性侵害的事件屡屡发生，家长也很困扰：“如何做才能保护好我的小天使？”其实，要预防孩子遭受性侵害，首先就要增强孩子的自我保护意识，使其保护好身体的隐私部位，进而将孩子受到伤害的概率降到最低。

教孩子认识自己的隐私部位

隐私部位是指人体出于礼仪、得体和受尊重的考虑，在公共场合和常规环境中，习惯用衣服覆盖的位置。但是如果你这样告诉孩子，就会让他们一头雾水。因此，你不妨换一种说法，这样告诉孩子：“隐私部位是不可以随便让别人看、让别人摸的部位。如果有人碰你的某个部位，让你觉得不舒服，你也可以将这个部位归类到隐私部位。”

如果你能够直接说出口，不妨明确地告诉孩子：“男孩的生殖器官和屁股是隐私部位，女孩的乳房、生殖器官和屁股是隐私部位。”

如果你羞于启齿，不妨这样说：“游泳的时候被衣服遮住的地方就是隐私部位。正因为是隐私部位，所以我们游泳的时候脱了其他的衣服，但是会穿着泳衣、泳裤。男孩的隐私部位是裤衩遮住的地方，女孩的隐私部位是背心、裤衩遮住的地方。”

为了让孩子对自己及异性的隐私部位有直观的认识和了解，家长可以利用图片直观地教育孩子。

“红灯停，绿灯行”是孩子们心中牢记的交通规则之一，家长不妨利用这一点，告诉孩子：“我们身体上的隐私部位就像是马路上的红灯，如果有人碰了你身体的‘红灯’，你一定要喊‘停’，然后

跑到安全的地方。无论是大人还是小孩，只要他们试图闯入你身体的‘红灯区’，你就一定要大声地拒绝。”

告诉孩子要学会保护自己的隐私部位

首先，我们让孩子做几道测试题，这样既可以检验孩子对隐私部位的保护意识，也可以测验一下孩子在应对突发状况时的反应能力。如果孩子不知道怎么办，请你不要着急，慢慢地告诉孩子应该怎么做，并与孩子进行情景扮演吧！

测试1：

在课间活动时，你和幼儿园的小朋友们玩得很开心。突然，有一个调皮的小男生跑过来要掀你的裙子，你要怎么办？

家长应该让孩子知道，不论是大人还是小孩，隐私部位都是不能让别人看的。因此，对待其他小朋友不好的行为，孩子要坚决地制止、拒绝。

参考做法：立即让这个调皮的小男生把手拿开，并告诉他：“我不喜欢你这样做，你这样做是不对的。”

测试2：

小强的爸爸妈妈出差了，他们拜托小强的叔叔照看小强几天。可是，小强跟叔叔在一起时很不舒服，叔叔还经常带着小强一起看不健康、不文明的节目。小强应该怎么办?

叔叔带着小强看不健康、不文明的节目，可能带有性暗示的意味。虽然这种做法并没有接触到孩子的隐私部位，但是看这类节目对孩子的心理健康也是有害的。因此，家长应该告诉孩子，当他们跟某个人在一起或者在某个地方感觉到不舒服的时候，他们可以远离这个人，走出这个地方。

参考做法：明确地告诉叔叔自己不想看这类节目，然后给父母打电话，暂时到其他的亲戚或者要好的朋友家里住。

测试3：

小美的爸爸妈妈不在家，一个熟悉的叔叔突然来访。叔叔突然闯入了小美的“红灯区”，还威胁小美不能把这件事告诉别人。小美应该怎么做?

熟人作案的事件不少，家长应该让孩子对熟人也保持警惕之心。家长要告诉孩子：“如果爸爸妈妈不在家，不要给其他人开门，熟人也不行；不管发生了什么事，都要告诉爸爸妈妈。”

参考做法：不管这个叔叔说了什么，都要把这件事告诉爸爸妈妈，让爸爸妈妈解决。

游戏小剧场

与孩子玩“身体红绿灯”的游戏，将红色卡贴到孩子身体的隐私部位处，将绿色卡贴到可以触碰的部位处。

接触有好也有坏，让孩子学会区分很重要

我们知道，无论做人还是做事，都不应以偏概全，在对孩子进行性隐私教育时也是如此。如果我们仅仅告诉孩子消极负面的内容，孩子就有可能变得谨小慎微、担惊受怕；而如果我们过于乐观，仅仅告诉孩子积极正面的消息，孩子就不会有危机意识。因此，让孩子学会区分好的接触与不好的接触，是十分重要的。

教会孩子判别良好接触与不良接触

对孩子来说，他们不知道什么样的接触是好的，什么样的接触是不好的，但是，他们的直接感受会很真实。因此，家长要相信孩子的感觉，不应强迫孩子做自己不喜欢做的事情。如有阿姨要亲吻孩子时，家长不应强迫孩子接受，也不应因孩子的拒绝而责怪孩子。

相信孩子的感觉，让孩子跟随自己的感觉对待他人的接触，这是很重要的。

1. 良好接触

良好接触大多是温暖且安全的，这样的接触基本不会引起孩子的反感。如亲人朋友间的拥抱、妈妈的亲吻。

家长一定要告诉孩子：“每个人对良好接触的感受是不一样的，不管别人说什么，只有你觉得舒服安全，才算是好的接触。如果你觉得不自在，那就要拒绝。”请尊重孩子的感受，不要因为孩子拒绝了别人就将“坏孩子”“不听话”这些标签强加给孩子。

2. 不良接触

不良接触是带有伤害性的，往往会伤害孩子的身体和情感。在遇到不良接触时，孩子会感觉不舒服，但是如果他们缺乏隐私保护的意识，就不会觉得被冒犯，也不懂得要反抗、逃跑。因此，家长应该告诉孩子："如果有人要碰你的隐私部位，这就是不良接触，不管对方是谁，你都要拒绝他。如果你觉得不舒服，就要勇敢地拒绝他。"

性骚扰与性侵害：不良接触的典型代表

我们都听说过"性骚扰"与"性侵害"这两个词语，但是很少有人深究这两个词语的含义与区别。你真的知道这两个词语的意思吗？

1. 性骚扰

性骚扰指的是以性欲为出发点的骚扰，通过带有性暗示的语言或者动作引起对方的不悦。如通过下流的语言、触摸异性的臀部、在对方周围布置淫秽图片等冒犯对方，这些都属于性骚扰的范围。

大部分人对性骚扰的认识都存在以下几点误区。

（1）只有女性才会受到性骚扰。

虽然大部分的性骚扰受害者都是女性，但是并不是只有女性才会受到性骚扰，男性也会遭受性骚扰。因此，家长应该转变以往的观点，不要觉得只需要对女孩进行性教育，对男孩同样需要进行性教育。

（2）只有年轻好看的人才会受到性骚扰。

一个人无论是否年轻、长得是否好看、衣着是否性感，都有可能遭受性骚扰。因此，不管孩子年龄有多小，我们都需要及早对其进行性隐私教育。

（3）身体上有接触才算是性骚扰。

性骚扰不仅仅指有身体接触的骚扰，言语上的骚扰在生活中其实更为普遍。如有人会通过讲黄色笑话的方式对他人进行性骚扰，有人会通过传播不雅视频等方式对他人进行性骚扰，因此，我们要正视生活中的这些现象，通过诉诸法律的方式维护自身的权益。

2. 性侵害

性侵害指的是加害者通过言语威胁，施加权力、暴力，金钱收买或甜言蜜语等方式，胁迫或者引诱他人与其发生性关系，对他人造成伤害的行为。性侵害主要包括猥亵、强奸等行为。

儿童性侵害的事件时有发生。要想让孩子避免遭受性侵害，健康快乐地成长，家长就应该让孩子懂得识别危险。要知道，防患于未然远比事后弥补更有价值。

知识小剧场

家长要尊重孩子的身体，尊重孩子的感受，让孩子有说“不”的权力，有说“不”的意识，而不应强迫孩子接受令他们感到不舒服的事情或行为。

他人的恶意：不良接触的“警报”

“孩子还小，对孩子进行性隐私教育还太早。”很多家长心中都会有这样的想法，你是不是也有这样的想法呢？千万不要觉得对孩子进行性隐私教育还太早，要知道，坏人永远不会嫌你的孩子太小。一例例儿童遭受性侵犯的事件给我们敲响了警钟，孩子只有懂得了自我保护，才能在意识到有危险时及时脱身。

在与他人接触时，让孩子启动他的“雷达”，识别不安全因素，这样可以降低孩子受到伤害的概率。家长应当告诉孩子以下6个安全警报。

1. 视觉警报：隐私的禁区

视觉警报是指有人要看孩子的隐私部位，或者让孩子看他的隐私部位而触发的警报。

家长可以问孩子以下两个问题。

问题1：叔叔（阿姨）要看你的隐私部位，可以吗？

问题2：在妈妈的陪伴下，医生要检查你的隐私部位，可以吗？

在孩子回答了这两个问题后，家长要引导孩子注意两点：一是不管对方是男是女，也不管是被别人看还是看别人的隐私部位，都会触发视觉警报；二是在家长的陪伴下，在某些特定情境中（如看病）才不会触发视觉警报。

2. 言语警报：下流的语言

言语警报是指有人谈论自己或者孩子的隐私部位，或者用难听的语言描述身体上的某些部位，让孩子感觉不舒服而触发的警报。

家长可以问孩子以下两个问题之一。

问题1（适用于女孩）：一个女人对你说“你的乳房真漂亮”，你会怎么办？

问题2（适用于男孩）：一个叔叔对你说“你的小鸡鸡太小了，我的比你的大”，你会怎么做？

在孩子回答了这两个问题之一后，家长要告诉孩子：“不管对方说的话是否难听，只要涉及了隐私部位，让你觉得不舒服，你都可以选择拒绝。”

3. 独处警报：独处的危险

独处警报是指孩子单独与别人在一起而触发的警报，这个“别人”可能是陌生人，也可能是熟人。

家长可以问孩子以下两个问题。

问题1：你跟小朋友们一起玩，一个熟悉的叔叔要带你去一个偏僻的街道，你会怎么做？

问题2：一个陌生的阿姨去幼儿园门口接你，你会怎么做？

在孩子回答了这两个问题后，家长还应该告诉孩子：“不管是陌生人，还是熟悉的人，你都不要单独跟他待在一起，单独在一起就会触发独处警报。”

4. 甜蜜警报：温柔的陷阱

甜蜜警报是指有人企图利用糖果、玩具等孩子喜欢的东西诱惑孩子，让孩子做一些不好的事情，或者将孩子带到危险的地方所触发的警报。

家长可以问孩子以下两个问题。

问题1：一个阿姨说你听她的话，她就给你买糖果吃，你会怎么办？

问题2：一个大哥哥说他那里有很多玩具，你喜欢的都可以送给你，你会怎么办？

在孩子回答了这两个问题后，不管他们的回答是什么，家长都应该再次向孩子强调：不要轻易接受对方的好意。另外，家长还应该告诉孩子："如果你真的有特别喜欢的玩具，你可以告诉我，我会给你买。"

5．游戏警报：游戏的隐患

游戏警报是指有人试图以游戏之名，对孩子进行性骚扰或性侵害而触发的警报。

家长可以问孩子以下两个问题。

问题1：异性小朋友很好奇你的性器官是什么样的，说要跟你玩游戏，互相查看对方的性器官，你会怎么做？

问题2：妈妈不在身边，有个叔叔说要跟你玩个好玩的游戏，你会怎么办？

在孩子回答了这两个问题后，家长应引导孩子注意两点：一是要注重性器官的安全隐私保护；二是在感到不舒服时尽快离开，勇敢拒绝。

6. 触碰警报：隐蔽的伤害

触碰警报主要指熟人或朋友对孩子进行不良接触而触发的警报。我们大多数人对陌生人会有戒备心理，却忽略了熟人对孩子的伤害，这种隐蔽的伤害往往会对孩子产生更大的影响。

家长可以问孩子以下两个问题。

问题1：邻居的老爷爷夸赞你长得漂亮，并趁机拍你的屁股和大腿，你会怎么做呢？

问题2：在你小便的时候，一个熟悉的阿姨走过来，玩弄你的小鸡鸡，你会怎么做？

在孩子回答这两个问题时，家长也应该反思，不要因为自己的失误而让孩子受到伤害。家长应该告诉孩子："不管是熟悉的人还是陌生人，只要他们闯入了你的'红灯区'，你都可以拒绝他们，并将这件事告诉我们。"

亲子互动小剧场

与孩子进行情景角色扮演，让孩子在假想的亲身体验中增强自我保护的意识。在遇到不良接触时，孩子就会及时启动"雷达"，发出警报。

防“狼”教育：警惕“披着羊皮的狼”

“什么样的人是坏人？”如果你问6岁以下的小孩这个问题，他也许会告诉你：“坏人就是长得难看的人。”在孩子的眼中，好人总是慈眉善目的，坏人总是龇牙咧嘴的，于是，越来越多的坏人采用“怀柔”战术诱骗孩子，让孩子放下戒备。因此，家长应该及时对孩子进行防“狼”教育，让孩子试着学习分辨好人与坏人，警惕“披着羊皮的狼”。

“坏人就是长得难看的人”

“坏人就是长得难看的人。”当孩子对你说出这句话时，你可不要片面地认为孩子真的就是凭长相判断一个人的好坏。其实，孩子说的这句话可能包含两方面的意思：一是长得美的人是好人，长得丑的人是坏人，这就是我们大多数人所理解的“以貌取人”；二是看起来顺眼、和蔼的人是好人，看起来严肃、吓人的人是坏人，这就是孩子自己的主观判断了。因此，要改变孩子的这种错误认知，家长可以从以下两方面着手。

1. 长得好看的也可能是坏人

大多数人都会犯“以貌取人”的错误，成年人尚且如此，更不要说孩子了。但是，不管孩子是否能做到，我们都应该给孩子渗透这样一个观点：“长得好看的人也可能是坏人，长得难看的人也可能是好人。”

2. 坏人会戴面具伪装自己

坏人是有着巨大牙齿的怪兽，坏人是有红红的眼睛的恶魔……在孩子的眼中，坏人就是看起来很邪恶、不友善的人。家长应该告诉孩子：“坏人的脸上不会写着‘我是坏人’这四个字，坏人也有可能长得很好看，有着和蔼的笑容，会温柔地对你说话，甚至还会给你糖果和玩具。”

“坏人就是陌生人”

“坏人=陌生人”，这是很多孩子脑中的定式思维。由于大多数家长都会告诉孩子不要和陌生人说话，不要接受陌生人的礼物，因此，孩子在不知不觉中就会产生“坏人就是陌生人”的观念，而对熟悉的人不设防，这也就使得熟人作案的成功率大大提升。因此，家长应让孩子认识到以下两点，以帮助孩子识别坏人。

1. 熟悉的人也可能是坏人

很多家长对自己的亲戚朋友都很信任。如果孩子告状说有些人对自己做了不好的事情，家长就会相信对方是开玩笑的，反而会觉得孩子无理取闹。正是家长的这种做法让孩子在熟人面前缺乏自我保护的意识。因此，家长首先应该认识到熟悉的人也可能会真心伤害你的孩子，不要因为孩子年龄小就不重视孩子的话。家长还应告诉孩子：熟悉的人如果对他做了不好的事情，那么这个人也是坏人；不管发生了什么，都应该告诉爸爸妈妈。

2. 安全的大人不向孩子求助

孩子的善良、不设防成了很多人做坏事的突破口，如他们会让孩子帮忙找东西、带路，通过寻求帮助的方式欺骗孩子。因此，家长应该告诉孩子：“安全的大人是不会向小孩求助的，只有狡猾的大人才会向小孩求助。”如果孩子继续追问，则家长可以说：“你能做的事情很多，但是你还小，大人都做不到的事情，小孩怎么会做到呢？

所以，如果有大人向你求助，那他一定是个狡猾的坏人。你要赶紧跑开，远离这个大人。”

知识小剧场

让孩子对陌生人设防，对熟悉的人多一分戒心，能增强孩子的自我保护意识。

建立孩子的“安全信任圈”

哪些人会伤害自己，别人的哪些行为是在伤害自己，对6岁左右的孩子来说，他们无法很好地区分。因此，家长不妨给孩子建立一个“安全信任圈”，告诉孩子哪些人是值得信任的。

孩子的“安全信任圈”名单

家长应与孩子讨论，共同制作孩子的“安全信任圈”名单，并告诉孩子：“无论是谁，都不能随便触摸你的隐私部位。”如果孩子不喜欢名单中的某个人，则家长先不要试图劝说孩子，而应该问问孩子为什么不喜欢这个人，然后按照孩子的意愿共同制作人员名单。

1. 爸爸妈妈

家长要告诉孩子：“爸爸妈妈也不可以随便触碰你的隐私部位，只有在给你洗澡或者你的隐私部位受伤的情况下，爸爸妈妈才可以看一看，碰一下。”

2. 爷爷奶奶、姥姥姥爷

现在很多父母都是上班族，平时照顾孩子的任务就落到了老一辈人的身上。因此，在制作孩子的“安全信任圈”名单时，爷爷奶奶、姥姥姥爷应该是位居第二的。

但是，家长要向孩子强调一点：“爷爷奶奶、姥姥姥爷可以跟你抱抱、亲亲，但是只有给你洗澡的时候才可以碰你的隐私部位，其他情况都不可以。如果你不喜欢抱抱、亲亲，你也可以拒绝。”家长千万不要觉得总跟孩子强调这些很啰唆，只有你多次反复地强调，孩子才能记得住。

3. 叔叔阿姨

在叔叔阿姨这一列名单中，家长应多与孩子交流，将孩子喜欢的某个叔叔或阿姨列入表中；对于孩子反感的某个人，家长不应强迫孩子接受。我们要相信，孩子有自己的感觉。这列名单中的人可以帮忙照顾孩子，至于是否可以亲吻、拥抱等，则要根据孩子的意愿来决定。

4. 老师

孩子在3岁后开始上幼儿园，老师会照顾孩子的生活起居，与孩子相处的时间很长，因此，家长应该告诉孩子可以信任老师，但是对老师触碰自己的隐私部位则要坚决拒绝。

5. 医生、护士

医生、护士是特殊的职业，家长应让孩子明白：“当你的隐私部位受伤时，在爸爸妈妈的陪伴下，医生、护士可以查看你的隐私部位。但是如果爸爸妈妈没在身边，医生要查看你的隐私部位，你可以拒绝，并把这件事告诉爸爸妈妈。”

6. 可以相信的陌生人

很多孩子是单独在路上行走或者跟父母走散后发生危险的。因此，让孩子知道谁是可以相信的陌生人也是很重要的。这样，当遇到危险时，孩子就可以通过求助陌生人的方式脱离危险。家长可以让孩子认识各种职业，如警察、保安等；在带孩子逛街的过程中，家长也可以告诉孩子派出所、银行、商场等安全区。孩子懂得求助他人保护自己，才能更好地远离伤害。

小测试：你的孩子记住“安全信任圈”名单了吗

下面，我们就来做个小测试，看看孩子是否记住了他的“安全信任圈”名单，以及名单上的人可以做的事情。让孩子在可以做的事情后面的括号内打“√”，在不可以做的事情后面的括号内打“×”。

1. 洗澡时，妈妈帮你清洗你的隐私部位。（ ）
2. 奶奶给你穿衣服的时候碰到你的胸脯和屁股。（ ）
3. 你独自在家时，叔叔脱你的衣服。（ ）
4. 在爸爸妈妈面前，阿姨亲你的脸蛋。（ ）
5. 下课时，老师摸你的小屁股。（ ）
6. 体检时，妈妈在旁边，医生查看你的隐私部位。（ ）

参考答案：1.√ 2.√ 3.× 4.√ 5.× 6.√

知识小剧场

作为家长，我们无法一辈子为孩子遮风挡雨，而我们可以送给孩子最好的礼物，就是增强孩子的自我保护意识，让孩子拥有躲避危险的智慧。

孩子自我保护“三步曲”

当孩子问你“为什么有人要伤害我”时，你会怎么回答？是说有些人“人性本恶”，还是说这些人不是故意的？显然，这两种回答都不太合适。那么，你不妨这样回答：“因为有些人有病态的心理，他们喜欢伤害别人。虽然这些人会表现出天不怕地不怕的样子，可实际上他们是很害怕的，所以，如果你不喜欢他们碰你，你可以大声地说‘不’。”

第一步：勇敢说“不”

有些孩子胆小怕事，即使知道某些行为是错误的，是应该拒绝的，他们也没有勇气说“不”；有些孩子在受到侵害后选择沉默，这往往会造成二次侵害。因此，家长要鼓励孩子勇敢说“不”。

1. 别人的亲近让你不舒服时，说“不”

“叔叔亲你是喜欢你，你躲什么呀！”“去亲阿姨一下，不要没有礼貌啊！”你有没有要求孩子这样做过？很多父母都会让孩子亲近自己的亲戚朋友，以显示自己的家教好，而对孩子表现出来的反感情绪置之不理。其实这样做是不对的。家长应该相信孩子，并让孩子相信自己的感觉。如果孩子不喜欢亲近某个人，家长应该鼓励孩子说“不”，不管这个人是爷爷奶奶，还是老师、同学。

2. 独自在家有人敲门时，说“不”

当孩子独自在家，有人敲门时，该怎么办？对这个问题，家长可以教给孩子三种应对方法。但不管孩子怎么做，家长始终都要让孩子记住一点——不开门。

（1）不说话，不应答，假装家里没人，让敲门的人主动离开。

（2）撒谎有大人在家。如对敲门的人说：“我妈妈在睡觉，你过一会儿再来吧。”

（3）给父母打电话说明情况。父母想好应对措施，如打电话报警或者找附近可信任的人帮忙。

另外，家长还应该告诉孩子：“不管敲门的人说他自己是快递员、修水表的、检查煤气的，还是爸爸妈妈的同事、朋友，你都不要开门。总之一句话，只要你自己在家，除了爸爸妈妈，什么人敲门都不要开。”

3. 坏人要求你保守秘密时，说“不”

很多坏人在对孩子进行了性侵害后，通常都会以“这是我们的秘密，不能告诉其他人”的借口与孩子做约定。孩子为了遵守约定，通常会缄口不言。因此，家长要告诉孩子：“如果有人对你做出了不好的行为，你一定要告诉爸爸妈妈，不用为坏人保守秘密，你也可以对坏人撒谎。”

第二步：寻求他人帮助

孩子的力量是很微小的，因此，家长应该鼓励孩子在意识到危险时向身边的人求助，而不是通过哭泣的方式表达自己的危险处境。

1. 寻求老师的帮助

当在学校附近意识到有危险时，孩子可以寻求老师的帮助。家长应该告诉孩子："如果在幼儿园门口有人跟你搭讪，或者说是代替爸爸妈妈来接你的，你不要相信，也不要独自回家。你要去找你的老师，让老师给妈妈打电话。"

2. 寻求警察的帮助

家长应该告诉孩子："当你独自走在路上被人跟踪时，或者跟我们走散后，你可以向警察求助。"为了让孩子更快地回家，家长可以让孩子记住自己的电话号码以及家庭住址。如果孩子太小，则家长可以将写有家庭成员电话号码的小纸条放到孩子的衣兜里。

3. 寻求工作人员的帮助

如果找不到老师和警察该怎么办呢？此时，孩子的"安全信任圈"中"可以信任的陌生人"就会发挥作用了。家长可以让孩子找穿特定工作服装的工作人员，如商场的营业员、保安，银行的服务人员等。

第三步：告诉爸爸妈妈

在平时的相处过程中，家长应该与孩子平等地交流，让孩子乐于敞开心扉与你交谈。这样，当发生了不好的事情，他们才会告诉你。另外，家长还应让孩子知道自己的态度，告诉孩子："不管发生了什么事情，我们都会永远爱你的。所以，你有什么事都可以告诉爸爸妈妈。"

知识小剧场

教导孩子保持警惕是十分必要的，但是家长应该注意表达的方式，不要用恐吓、夸张的方式来描述坏人的恶，以免孩子产生恐惧心理，影响孩子的心理健康。

孩子不敢说？揭开孩子心中的小九九

很多家长心中都有一个疑问：“遭受了性侵害后，孩子为什么不说？他们到底是怎么想的呢？”请你不要将所有的问题都推给孩子，要知道，在遭遇性侵害后，孩子没有及时地对父母说，有多个方面的原因。

孩子遭遇性侵害后，之所以不告诉父母，主要有以下几点原因。

1. 没意识到自己受侵害

很多年龄小的孩子由于缺乏性教育，即使别人做了侵害他们身体的事情，他们也不会意识到这种行为是错误的，因而也就不会拒绝，自然也就不会把这件事告诉家长。

另外，值得广大家长注意的一点是，性侵害案件中，熟人作案的比例高于陌生人。家长对熟人不设防的心理也使孩子对熟人的容忍度更高，即使他们感觉不舒服，也会认为这样做是很正常的，没有什么问题。

小贴士 家长要对孩子从小进行性教育，让孩子知道什么样的行为是绝对禁止的，知道应该如何预防以及应对性侵害。面对孩子不喜欢的事情，家长要鼓励孩子勇敢拒绝。而当孩子指出熟人做出了让自己不舒服的行为时，家长一定要予以重视。

2. 遵守约定，保守秘密

在侵犯了孩子后，很多人都会通过与孩子做约定的方式让孩子保守秘密。他们会对孩子说："这是我们之间的小秘密，不能告诉别人，爸爸妈妈也不行。""好孩子是会保守秘密的。"有了这样的约定，孩子自然不会主动告诉爸爸妈妈了。甚至有些孩子在爸爸妈妈问到这件事时依然沉默不语，坚持保守秘密，这就是性教育缺失带来的严重后果。

小贴士 孩子是单纯而善良的，在平时与孩子的相处中，家长应该多次告诉孩子："不管发生了什么事都要告诉爸爸妈妈。如果你跟别人有小秘密也应该告诉爸爸妈妈，因为爸爸妈妈知道哪个秘密是好的，哪个秘密是不好的。你不用为坏人保守秘密，也可以对坏人撒谎，即使这样，你也依然是个好孩子。"

3. 因为害怕而不敢说

孩子在遭受性侵害后，因为害怕而不敢说主要包含两层内容：一是害怕坏人，对坏人的威胁心存恐惧；二是害怕父母的责怪。

（1）害怕坏人的威胁。

有些坏人在性侵害孩子后，会威胁孩子："不要把这件事说出去，不然我就伤害你的爸爸妈妈。""你要是敢告诉别人，我就告诉你的老师你是个坏孩子。"诸如此类的威胁会让孩子想说而不敢说。

小贴士 家长要成为孩子心中可依赖、可信任的人，让孩子觉得有爸爸妈妈在，什么都不用怕。这样，当面对坏人的威胁时，孩子就会勇敢地说出来。

（2）害怕父母的责怪。

“跟你说不要一个人走，你就是不听。”“你能不能少让我们操点心。”有些父母在孩子犯错后会习惯性地批评、指责孩子，正是这习惯性的责怪让孩子越加害怕给父母添麻烦。而遭受性侵害的孩子会觉得发生这样的事情是自己的错，为了不被父母责怪，他们宁愿选择沉默，也不愿意向父母倾诉。

小贴士 当孩子犯错后，批评只是一种手段，让他们知错并改正错误才是目的。既然如此，那么为什么不选择一种更温和的手段呢？孩子是十分天真的，请你不要以责备的方式与孩子交流。既然你的出发点是好的，那么你应该让孩子感受到你的善意与关心，而不是责备。另外，家长应该让孩子知道，被性侵犯并不是他们的错，错的是那些实施者，是那些坏人。既然如此，那么孩子还有什么理由害怕父母的责怪呢？

亲子互动小剧场

每天晚上抽出一段时间与孩子说说心里话，让孩子说一说他对父母的要求，父母也可以说一说自己对孩子的要求。在坦诚的交谈中，父母与孩子都会朝着对方说出的目标而努力，成为更好的父母与更好的孩子。

孩子发出的这些信号，你接收到了吗

"孩子不说，我们怎么知道呢？"当孩子遭遇性侵害没有被及时发现时，大多数家长都会用这句话来推脱自己的责任。难道孩子不说，我们就真的无计可施了吗？实际上，即使孩子不说，家长也可以从孩子身体上的一些变化及反常的行为中发现孩子的异常。

如果你是一个足够细心的家长，则在孩子遭受性侵犯后，你一定能够接收到孩子异常的信号。那么，孩子会发出哪些信号呢？

1. 生理信号

当孩子遭受了性侵害后，他们的身体会出现异常。家长只要细心地检查孩子的身体，就能及时知道孩子是否受到伤害。当然，在孩子放学回家后，家长直接让孩子脱衣服查看孩子的身体是不恰当的，这会让孩子觉得不可理解。不过家长可以在给孩子洗澡时仔细地查看他们的身上是否有伤痕。

（1）生殖器官异常。

如果孩子遭受了性侵害，他们的生殖器官就可能会受伤，出现出血或感染等症状。如果家长发现孩子的生殖器官部位发痒或是疼痛，则可以带孩子去医院检查，以确认孩子是否遭到了性侵害。

小贴士 男孩女孩都可能遭受性侵害。家长在给孩子洗澡时应重点查看孩子的肛门和阴部。如果观察无异常，但是孩子还是觉得不舒服，则家长也应及时带孩子去医院检查。

（2）行走坐卧不适。

当孩子走路姿势异常，不敢坐卧或者坐卧时因疼痛而哼哼时，家长应予以注意。不要随意地指责孩子，而应该问清孩子是什么原因造成的。

小贴士 孩子出现了这样的行为不代表他们就遭受了性侵害，但这是一个可能出现的信号。因此，家长应先搞清楚事情的始末缘由，然后再进一步想出解决方案。

（3）两腿内侧红肿。

当发现孩子的两腿内侧出现红肿或者瘀伤时，家长应予以足够的重视，因为这很可能表示孩子遭受了性侵害。即便孩子没有遭受性侵害，这也说明孩子平时参与的活动有很大的危险性，很可能会伤害到孩子的生殖器官，对于女孩，则有可能造成处女膜破裂。

小贴士 有时候，孩子不说并不代表没事。身体是孩子的另一张嘴，家长要细心地观察孩子的身体变化，以便及时地发现孩子的异常。

2. 行为信号

当孩子突然性情大变、行为反常时，家长要注意了，这很可能是孩子发送给我们的行为信号，表明他们遭受了性侵害或者是心理受到了很大的伤害。他们不知道该如何表达，于是便出现了反常的行为方式。

（1）情绪异常。

从安静老实变得好勇斗狠，从活泼开朗变得孤僻内向，从乐观积极变得喜怒无常……这些都是孩子情绪异常的表现，也是他们试图逃避伤害的方式。

小贴士 当孩子情绪异常、性格大变时，请你用爱心、细心、耐心对待孩子，不要让自己不当的言行成为压倒孩子的最后一根稻草。

（2）对某人或某事反应过度。

孩子突然对某人或某事产生恐惧感，很可能是因为这个人伤害过孩子或是与孩子发生过不愉快的事情。因此，当孩子对某人或某事表现出抗拒情绪时，家长不要一味地让孩子克服恐惧，而应该了解孩子的内心想法，找到问题的症结，对症下药解决问题。

小贴士 趋利避害是人类的本能。当孩子对某人或某事表达出强烈的反抗意愿时，请你不要强迫孩子按照你的意愿行事。

（3）习惯突然改变。

当你的孩子从规律饮食变为暴饮暴食或吃得太少，从早睡早起变得失眠多梦或嗜睡不起时，这很可能预示着孩子遇到了不好的事情。因此，当孩子的生活习惯突然改变，家长应予以注意。

小贴士 生活习惯的突然改变预示着孩子遭受了很大的打击。此时，家长要给予孩子更多的关心和爱，让孩子有勇气、有信心面对接下来的生活。

（4）喜好发生变化。

小女孩突然不再喜欢芭比娃娃，用手扯或用小刀划娃娃的衣服；小男孩不再喜欢最爱的玩具车，转而喜欢上更为暴力的游戏，这都可能是孩子遭受性侵害的迹象。在孩子看来，那些心爱的玩具就是他们自身的投射。于是在自己受到伤害时，为了寻求心理上的平衡，他们便会破坏自己心爱的玩具。

小贴士 面对孩子的恶劣行为，家长应该问清原因。当孩子向你诉说一件你意想不到的事情时，请你不要说："这不可能，你肯定搞错了！"你对孩子多一分信任，孩子就会多一分安全感。

知识小剧场

家长应注意观察孩子的言行。当发现孩子的反常举动时，家长要提高警惕，耐心引导，而不是强迫孩子说出来。

孩子遭受性侵害怎么办

当孩子遭受性侵害后，家长与公安机关调查人员的反复询问会对孩子造成二次伤害，影响孩子的心理健康。那么，当孩子遭受了性侵害后，家长应该怎么做呢？

如果孩子遭遇了性侵害，家长要从以下几点着手。

1. 带孩子去医院检查身体

发现孩子的身体受到伤害后，家长应在第一时间带孩子去医院检查身体，这样既能让孩子得到及时的救治，又能保留罪犯的犯罪证据。

小贴士 家长不应在孩子面前显得如临大敌，而应该平静地对待，向孩子解释他们身体所受的伤害，并告诉孩子，他们很快就会恢复。

2. 报警，借助法律武器

为了避免孩子受到他人的议论甚至歧视，很多家长在知道孩子遭受性侵害后往往会选择沉默，一家人默默承受这种伤害。但是请你仔细地想一想：你的孩子受到伤害是孩子的错吗？为什么不让坏人得到应有的惩罚呢？借助法律武器惩治坏人，这才是家长应该做的事情，这样才能真正地从源头上消除孩子的恐惧心理。

小贴士 及时报警，为抓住坏人多提供一条线索，就可能少让一个孩子受到伤害。

3. 询问孩子事情的经过

在询问孩子事情发生的经过时，家长要遵循两个原则：一是要保持平静，不要在孩子面前流露出愤怒、紧张等情绪，以免孩子不敢说出实情；二是要一次结束，尽量在第一次问话的过程中就将全部的细节都问好，不要反复地询问，以免孩子误解，产生“我犯了很大的错误”的想法。

小贴士 有些孩子在遭受性侵害后，并没有认识到这是一件多么严重的事情，因此，家长在与孩子沟通时，应尽量保持镇静，不要将消极情绪传染给孩子，以免给孩子造成心理负担。

4. 采取措施，防范侵害人

有时候，由于证据不足，我们无法将坏人绳之以法。此时，家长就要采取措施，让孩子远离侵害人，避免孩子再次受到伤害。例如，当侵害人是邻居、亲戚时，家长要警告对方远离孩子，并在孩子外出时陪同左右；当侵害人是老师时，家长要与学校协商换班或者转学等。

小贴士 让孩子远离侵害人可以避免孩子再次受到伤害，但是家长也不应反应过度，不应限制孩子的活动自由。为孩子提供一个与他人玩耍、相处的安全环境，对孩子的心理健康是十分重要的。

5. 安慰孩子，给予孩子更多的关心

孩子遭受性侵害后，他们的生理与心理都会受伤，身体上的伤医生可以治疗，心理上的伤则需要得到父母的爱与关心才能痊愈。家长应给予孩子更多的关心，告诉孩子：“不管发生什么事，爸爸妈妈都会永远爱你。”让孩子感受到爸爸妈妈的爱，孩子才会更快地走出阴影。

小贴士 家长要知道，孩子被侵害不是孩子的错。请不要将自己的自责、愧疚强加到孩子身上。用爱与关心温暖孩子，让孩子继续快乐地成长，才是家长应该做的事情。

6. 配合心理医生，为孩子做心理疏导

遭受了侵害，孩子或多或少都会有些心理阴影。家长可以为孩子找心理医生，让孩子在心理医生的疏导下渐渐走出阴影。家长也应与心理医生沟通，在平时的生活中采用恰当的方式与孩子交流，配合心理医生做好孩子的心理康复工作。

小贴士 找合格的心理医生，最好是专门研究儿童心理的医生。在咨询、治疗的过程中，尽量按照医生的要求做。

7. 进行预防性侵害教育

当孩子转入正常的学习与生活后，家长应联合学校共同对孩子进行预防性侵害的教育，避免孩子因缺乏防范意识而再次遭受性侵害。

小贴士 当孩子的生活回到正轨后，家长应多与孩子谈心，多与老师交流，及时了解孩子的心理变化。

知识小剧场

当孩子遭受了性侵害，他们是无辜的受害者，家长不应指责孩子不听话，更不应让孩子觉得受到性侵害他们就变得不干净了，变得不好了。家长首先要正确地看待这件事，这样才能引导孩子对这件事释怀。

第六章

孩子即将步入青春期，你准备好了吗

孩子步入青春期就进入了人生的转折点。此时，他们的生理与心理都会发生很大的变化。如果孩子没有做好准备，面对突如其来的变化，他们就不知如何是好。作为家长，你准备好了吗？你知道如何让孩子悦纳青春期的各种变化吗？

男孩女孩都有自己的小秘密

青春期是人一生中身体发育的关键时期。在这个时期，孩子的身体与心理都会发生急剧的变化。如果家长引导不当，孩子就会出现不良的行为。这些不良行为会阻碍孩子的良好发展，影响孩子的身心健康。因此，在孩子进入青春期之前，家长要给自己与孩子都打好预防针，了解孩子的生理与心理变化，帮助孩子顺利地度过青春期。

青春期是指以生殖器官发育成熟、第二性征发育为标志的初次有繁殖能力的时期，即由儿童逐渐发育成为成年人的过渡时期。

青春期由青春期早期（9~13岁）、青春期中期（13~16岁）、青春期晚期（16~18岁）这三个阶段组成，不过对这三个时期的年龄分段并没有统一的标准。由于每个孩子的成长发育都是不相同的，所以有些孩子发育早一点，有些孩子发育晚一点，这都是正常的。一般来说，女孩的青春期比男孩早。

身体上的巨大变化会给孩子带来巨大的心理压力，使其产生消极的想法。因此，在孩子即将进入青春期时，家长要告诉孩子他们的身体将会发生的变化，让孩子对其有大致的预期与了解，从而更好地面对这些问题。

男孩的小秘密

青春期是男性生长发育的最佳时期。在这个时期，除了身高、体重的变化外，男性的第二性征也开始发育，如胡须和腋毛开始生长，声音变粗，长青春痘，性腺发育成熟，并出现遗精等现象。在性格上，男性也会变得成熟稳重，不再像小孩一样幼稚。

1. 身体发育

下表列出了男孩在青春期首次出现生理变化的年龄。由于每个人的生长发育状况不同，此表仅供参考。

男孩青春期生理变化表

特征	首次出现的年龄（岁）
睾丸和精囊生长	10~13
阴毛生长	10~15
身高突增	10~16

（续表）

特征	首次出现的年龄（岁）
阴茎生长	11~14
喉结发育（嗓音变化）	11~14
遗精	11~18
胡须和腋毛生长	12~17
汗腺和产生油性物质的腺体分泌加剧，长粉刺	12~17

2. 性心理发展

在第二性征发育的同时，男性的心理也会发生改变。一般来说，男性在性格方面会表现出较强的独立性、冒险性与攻击性；男性会对女性充满了兴趣，喜欢在女性面前表现自我，展示自己的才能，期待获得女性的赞美与崇拜。

女孩的小秘密

女孩进入青春期后，身体内外都发生了许多巨大而奇妙的变化，如乳房发育、月经初潮等，身体功能逐渐完善。随着第二性征的发育，女性的性别特征也会更加明显，如在力量上不如男性，但在身体柔韧性方面优于男性。

1. 身体发育

下表列出了女孩在青春期生理变化首次出现的年龄。由于每个人的生长发育状况不同，此表仅供参考。

女孩青春期生理变化表

特征	首次出现的年龄（岁）
乳房发育	7~13
阴毛生长	7~14
身高突增	9~14
月经初潮	9~16
腋毛生长	9~16
汗腺和产生油性物质的腺体分泌加剧，长粉刺	9~16

2. 性心理发展

在性格方面，女性会表现出温柔体贴、感情细腻、富有同情心等特点；此时的女性经常会打扮自己，希望引起男性的注意，但是又矜持害羞。

知识小剧场

青春期的少男少女在生理与心理上都会发生显著的变化，同时也伴随着不少烦恼。家长有责任帮助孩子了解青春期的生理与心理变化，让孩子提前做好准备。

胸部“肿”成了小馒头

“为什么很多刚刚步入青春期的女孩都不敢抬头挺胸走路呢？”你见过这样的现象吗？有过这样的困惑吗？作为孩子的坚强后盾，你想好怎样应对孩子将要出现的问题了吗？

乳房发育了——别恐慌

女孩在进入青春期后，最先发育的就是乳房。乳房的日渐隆起，也成了女孩成熟的标志。女孩乳房的发育具有很大的差异性，有的女孩在10岁时乳房就开始发育了，有的女孩则要到14岁时乳房才开始发育。乳房的大小、发育的早晚也常常成为这个时期女孩的烦恼之源。

1. “我的乳房这么大，我好害羞”

女孩进入青春期后，乳房在雌激素的作用下开始发育。有些乳房发育较早的女孩会因为自己“与众不同”而感到焦虑。为了掩饰自己的胸部，她们走路时就会低头含胸，甚至用紧身衣束胸，但这样就会影响乳房的发育。

兰兰性格开朗，有很多好朋友。但是随着青春期的到来，12岁的兰兰感觉自己的乳房逐渐膨胀，与同龄的男同学、女同学都不一样。兰兰感到恐慌不安，在同学们面前不敢抬头，更不敢挺胸走路。一听到同学们谈论乳房的话题，兰兰就会觉得他们是在议论自己。

家长要让孩子知道乳房变大是正常的现象，这对身体并不会产生不良影响，也不能反映一个人的思想品德，让孩子从内心接受自己的身体变化。另外，在乳房发育变大的过程中，有些女孩会感到痒或疼痛，这也是正常现象。

2. “我的乳房这么小，是不是不正常”

有些女孩的乳房发育较晚，发育速度较缓慢。当发现自己的乳房不如同龄女孩丰满时，她们就会怀疑自己的乳房不正常，担心自己有身体疾病。

15岁的芬芬乳房刚刚开始发育。看到其他女同学丰满的胸部，芬芬总是觉得自己有病，但是她又不敢把这件事告诉父母和老师，担心被嘲笑。

家长应该告诉孩子："每个人乳房发育的早晚、快慢是不一样的。你跟别人不一样，并不代表你就有病。"请你不要让孩子一直在消极的自我怀疑、自我探索中成长。要教给孩子生理发育的知识，让孩子坦然面对自己的身体，自信乐观地成长。

3. "为什么我的乳房一大一小"

在乳房发育的初期，由于两侧乳房对激素的敏感程度不同，因此有些女孩的两侧乳房发育不平衡，会出现一大一小或一高一低的现象。随着年龄的增长，乳房不断发育成熟，两个乳房的大小会逐渐接近一致。两侧乳房大小不一致既不会影响以后的生育和性功能，也不会影响身体健康。

13岁的甜甜乳房发育得一大一小。为了弄明白自己是不是有病，甜甜经常会盯着同龄女同学的胸部看，同学们还给她起了一个很难听的外号——"女色狼"。甜甜很苦恼，她不知道自己应该怎么解释。

在青春期，孩子的心理变化十分微妙。出于对性的好奇，孩子对性问题会感到害羞，甚至羞耻。因此，当产生疑问后，他们也羞于问出口，而会用自己的方式寻找答案，这有可能会给孩子带来不利的影响。因此，提前教给孩子正确的性知识，让孩子用正确的方法应对身体的变化，是十分必要的。

乳房也要穿“衣服”

在乳房发育到一定大小后，女孩需要穿戴合适的胸罩。一般来说，从乳房上缘经乳头至下缘的距离大于16厘米时即可穿戴胸罩。

1. 为什么要穿胸罩

穿胸罩有以下作用。

（1）保护乳房。

胸罩可以保护乳房不受擦伤或碰撞，尤其是在体育运动中，戴胸罩可以避免乳房过度颤动以及受伤；而且，胸罩可以托住乳房，防止乳房下垂。

（2）文明美观。

一方面，戴胸罩可以保护女性的隐私部位，让女性表现出文明的举止；另一方面，戴胸罩也可以显示出女性的体态美，弥补乳房发育不一致的缺憾。

2. 怎样选购合适的胸罩

在选购胸罩时，家长可以从以下几个方面来考虑。

（1）型号。大小刚好能完全容纳乳房。

（2）材质。有弹性，柔软吸水，舒适透气，最好选择棉布类材质。

（3）松紧度。穿戴后既感到舒适又无压迫感。

由于青春期女性的乳房还处在发育阶段，因此不宜使用带有塑料圈或者钢圈的定型胸罩，以免妨碍乳房的正常发育。随着女孩的体型变化（变胖或变瘦）与乳房发育，家长还应及时给她们更换合适的胸罩。

3. 穿戴胸罩时要注意什么

穿戴的胸罩应勤洗勤换，保持清洁；为了保证乳房的正常发育，在不必要的时候可以摘下胸罩，如午睡时解开胸罩扣，晚上睡觉时取下胸罩。

知识小剧场

束胸是指用紧身衣或者布条将乳房压在胸壁上，使胸部变平。束胸对身体不利，不仅会限制乳房的正常发育，引发乳腺炎症，还会增加胸腔和内脏的压力，影响呼吸功能和肺活量。

定期拜访的“好朋友”

女孩在9~16岁会出现月经初潮，这标志着女孩长成了健康成熟的少女，很多家长都知道出现这种情况是正常的。但是对女孩自己来说，无缘无故的出血会给她们带来恐慌感，造成心理创伤。因此，家长（尤其是妈妈）应该当好为女儿排忧解愁的天使，帮助女儿顺利地度过这一阶段。

为什么女孩会有月经

月经是女孩进入青春期后出现的一种正常的生理现象。女孩的内生殖器官主要由卵巢、子宫、输卵管构成。其中，子宫和输卵管是生育器官，卵巢则负责产生卵子和分泌性激素，卵巢中有几十万个卵泡，每个卵泡中含有一个卵子。女性在进入青春期之后，卵泡开始发育成熟，一般每月都会有一个成熟的卵子从卵巢排出，这就是“排卵”。排出的卵子如果没有与精子结合，在排卵后的14天左右，卵巢黄体萎缩，停止分泌雌激素与孕激素，此时子宫内膜中的血管收缩，内膜坏死脱落，便会引起出血，形成月经。

女孩子月经周期的长短由卵巢周期的长短决定，一般为21~35天，但也有的人周期是23~45天，甚至是3个月，这种情况无须担心，但只要有规律，都属于正常月经。正常的经血呈暗红色、黏稠、无血块，行经期为3~7天不等。

小贴士 排出的卵子如果与精子结合形成受精卵，受精卵经输卵管运送到子宫内发育，则称为“妊娠”。

什么是月经初潮

月经初潮的年龄在9~16岁之间，大多数在12~14岁。一般在月经初潮前的6~12个月，阴道会分泌少许乳白色的黏稠分泌物，即白带，这也是月经初潮的前期信号。妈妈可以告诉女儿，如果发现自己的内裤上出现了白带，就需要为月经初潮做准备了。

月经初潮时的出血量不多，有的只在内裤上留下一点血污，有的经血会浸湿内裤。大多数女孩在刚来月经时，由于卵巢的功能还不稳定，排卵的周期也不固定，因此月经周期不规律，有时长，有时短。这种现象要经过1年左右的时间来调整，随着卵巢功能的完善，女孩会逐渐形成正常规律的月经。

痛经问题早知道

痛经是女性在月经期常见的现象，也成了很多女性心中的恶魔，严重痛经甚至会影响生活。

1. 为什么会痛经

一般认为，青春期女性的痛经是子宫过度收缩造成子宫痉挛缺血而引起的，不存在生殖器官的病变或畸形。

2. 痛经的症状有哪些

有些女孩在每次来月经前都会容易疲倦，乳房胀痛；情绪不稳定，易躁易怒；腹部隐隐作痛，腰酸背痛等。有些女孩在月经来潮的1~2天内，有明显的腰酸、腹痛症状；有些还伴有头晕、恶心、心慌等症状。腹痛剧烈时可能出现面色苍白、手脚冰凉甚至虚脱，影响学习与生活。

小贴士 大多数女性在结婚生育以后，痛经症状会逐渐减轻或消失。

3. 怎样缓解痛经

缓解痛经可以从以下七个方面来实施。

（1）饮食。不吃生冷辛辣等刺激性食物，多吃新鲜的蔬菜和水果，多喝温开水和红糖水。

（2）保暖。热敷下腹部，促进血液循环；避免接触凉水，不用冷水淋浴、洗头；不坐在阴凉潮湿的地面上。

（3）作息。保证充足的睡眠，生活有规律，不要熬夜。

（4）运动。可以参加轻度的体育锻炼，使经血顺利排出；避免剧烈运动和重体力劳动。

（5）卫生。可淋浴，但不能坐浴或盆浴，避免感染；选择柔软、吸湿性强的卫生巾，并及时更换。

（6）药物。疼痛剧烈，无法忍受时，可以在医生的指导下服用止痛药。

（7）心情。保持好心情，不要过度紧张焦虑，以免加剧疼痛。

月经知识答疑集锦

1. 问：来月经就可以生孩子当妈妈了吗？

答：女孩子来了月经，说明生殖器官功能正常，基本具备生孩子的能力。但是这时的女孩本身发育还不成熟，也没有养育孩子的能力。

2. 问：每个月都流血，会不会血流干就死了呢？

答：虽然月经会引起身体失血，但是你体内的循环系统和造血系统也不会闲着。当你失血时，这两个系统就会制造出新的血液，不会让你的血流干的。

3. 问：有没有吃了就不来月经的药呢？吃了药，我就不用担心来月经了。

答：月经是女性进入青春期后的正常生理现象，你应该为自己的身体健康而感到骄傲与自豪。服药阻止月经会影响身体健康，给你的身体带来严重的影响。所以，你不要再有这种想法了！

知识小剧场

月经又称为月事、月信、例假、大姨妈、见红，中医称经血，因大多数人每月出现一次而称为月经。现代女性月经初潮的平均年龄在12.5岁，因个体差异而不同，但是如果到了17岁还没有月经初潮，就应及时就医。

“我怎么又‘尿’床了”

青春期的男孩也有难以启齿的小秘密——遗精。对毫无心理准备的男孩来说，面对突然出现的“尿床”现象，他们大多会惊慌失措，觉得自己生了很严重的病。家长（尤其是爸爸）应该对男孩进行这方面的教育，让孩子可以从容地应对这些变化。

遗精是病吗

遗精是男孩进入青春期后出现的一种正常生理现象，分为梦遗和滑精。男孩进入青春期后，性器官逐渐发育成熟，睾丸会产生精子，精浆由前列腺、精囊腺和尿道球腺分泌产生，精液由精子与精浆混合而成。当精液在体内积聚到一定的数量时，精液就会通过遗精的方式排出体外。这种现象在睡梦时发生就叫“梦遗”，在清醒时发生就叫“滑精”。

男孩首次遗精的年龄在11~18岁，大多发生在14~15岁。遗精是男性发育的里程碑，预示着男孩向成为男人的阶段迈进了一大步。如果男孩在正常的生活状态下，保持健康的生活方式，出现了遗精，对身体没有伤害，也不是有病的表现。如果是有意识地观看色情图片、色情书刊，刺激身体产生性冲动而出现了遗精，则会有损身体健康。

小贴士 遗精不同于月经，是没有规律可言的，也没有特定的周期。以前出现过遗精，现在消失了，也是很正常的事情。

遗精就是不学好吗

很多家长都觉得男孩遗精就是因为脑子里想乱七八糟的事情，其实这是一种认识上的误区。遗精是男孩性成熟的标志，是十分自然的事情，只不过很多时候遗精通常会伴随着性梦，所以容易被人误解。家长要帮助孩子科学、正确地认识遗精现象，这样才能引导孩子正视自己的生理变化，使其欣然面对遗精。

遗精的应急处理方案

即便男孩知道了自己是正常的遗精，在发现遗精后也会有些慌张。此时，家长不妨帮助孩子建立遗精的应急处理方案，让孩子从容应对遗精问题。家长可以从事前准备和事后处理这两个方面着手。

事前准备：在床边放一些卫生纸或一条毛巾，便于孩子及时擦拭；在床边准备一条干净的内裤，便于孩子及时更换。

事后处理：让孩子遗精后去厕所小便，及时排出残留在尿道内的少量精液，最好清洗生殖器部位；内裤、床单应及时清洗。

小贴士 家长应让孩子知道，遗精是正常的现象，家长都可以理解，因此孩子不必为此感到害羞，有什么问题可以咨询家长。

亲子互动小剧场

爸爸给孩子讲一讲自己首次遗精的情况，与孩子交流心得，家长的处之泰然能够让孩子平静地对待自己的身体变化。

身体发育的困惑与烦恼

孩子在进入青春期后，他们的身体会发生各种各样意想不到的变化，如变声、长出青春痘等。如果孩子没有做好心理准备，面对这些突如其来的变化，他们就会十分困惑，心理也会备受打击。因此，提前做好孩子的心理建设，是帮助孩子接受自己的变化、顺利度过青春期的保障。

讨厌的变声期

青春期声音发生变化的时期叫变声期。男性的变声期一般在14~16岁，随着喉腔变大，声带变宽、变厚，男性的音调会变得低沉而粗。女性的变声期一般在13~15岁，到了青春期，女性的喉部变得狭小，声带短而薄，所以音调会变得高而细。每个人的变声期持续的时间长短不一，短的会持续4~6个月，长的可达1年。

当孩子处在变声期时，家长应让孩子节制用嗓，保护好嗓子，以免造成长期嘶哑的状态。家长应让孩子从以下几个方面多注意。

1. 唱歌、讲话音量适当

由于青春期的孩子大多喜欢大声说话、唱歌，所以他们稍不注意就可能影响正在生长的声带，造成声带受损。因此，家长应该告诉孩子不要高声讲话、唱歌，也不要长时间唱歌，尤其是在大风或者灰尘多的环境里，更要注意保护嗓子，以免声带疲劳。

2. 饮食温和

我们都知道，当吃了辛辣刺激的食物后，我们的嗓子就会发热，声音嘶哑；而当孩子处于变声期时，嗓子更容易受伤，辛辣刺激的食物会刺激气管、喉头与声带，使嗓子受到损伤。因此，家长应提醒孩子多喝白开水，不吃辛辣刺激的食物，如韭菜、大蒜等，让孩子顺利地度过变声期。

3. 注重卫生保健

感冒有可能引起嗓音嘶哑，造成声带受损，因此，变声期的孩子注重预防感冒是十分重要的。家长应提醒孩子注重卫生保健，保持口腔的清洁，以减少细菌的繁殖生长，避免嗓子受伤。

4. 少说话，注意休息

每个人在变声期的嗓音变化不是完全一样的：有些人的声音嘶哑程度较重，有些人则只有轻微的嘶哑。如果你的孩子声音嘶哑较明显，那么，让孩子尽量少说话，使声带得到充分的休息也是十分必要的。

小贴士 “公鸭嗓”是青少年在变声期特有的一种表现。随着声带的充血胀大，青少年男性的声门会形成各种各样的缝隙，因此，声音也会从稚嫩变得生硬嘶哑。

烦人的青春痘

在进入青春期后，随着性激素分泌增多，皮脂腺分泌旺盛，很多人脸上都会起青春痘、粉刺，这通常不需要治疗，在青春期过后会自行消退。由于青春痘十分影响美观，因此很多孩子都会用手挤痘痘，这样做是很危险的。因为面部和指甲上有很多细菌，所以挤痘痘很容易引发伤口感染。

面部的血管很丰富，尤其是在鼻子和上唇之间形成的三角形区域，也就是我们常说的“危险三角区”，有血管可以直通颅内，如果用手挤压该部位的青春痘，则很容易弄破皮肤和血管，使病菌随着血液进入脑内，从而造成严重的后果，甚至危及生命。

小贴士 用温水清洁皮肤，不使用油性护肤品；多吃清淡食物，多吃水果蔬菜，少吃油腻、辛辣食物；保持充足的睡眠和愉快的心情，都可以在一定程度上减少青春痘的产生。

支起来的“小帐篷”（男性）

男性进入青春期后会出现阴茎勃起现象，这是性激素分泌正常的表现，与个人修养、思想道德无关。家长应帮助孩子对支起来的“小帐篷”泰然处之，而不应嘲笑、打趣孩子。

伴随着勃起现象，孩子可能会出现一些手淫行为，这是孩子自我纾解的一种方式，家长不应粗暴地指责孩子。

小贴士 虽然青春期的男性出现勃起是正常现象，但是对不知何时就会出现勃起的孩子来说，他们对自己的变化是十分敏感、害羞的，因此，家长应帮孩子选购宽松的衣裤，让孩子顺利地度过这一时期。

亲子互动小剧场

与孩子一起阅读有关性教育知识的书籍，提前对孩子进行青春期性教育，可以让孩子更好地度过青春期。

异性友谊不可或缺

朋友是我们人生路上的同行者，是我们的情感寄托。孩子同样也需要朋友，需要构建属于自己的朋友圈。当你的孩子与异性朋友交往时，你是捕风捉影呢，还是顺其自然呢？让孩子拥有自己的社交圈，使其与异性建立纯洁的友谊，这才是家长应该做的事情。

异性友谊的重要性

我们都需要同性朋友，也都需要异性伙伴，结交异性朋友是再正常不过的事情。交朋友就好像饮食一样，如果想要营养均衡，就需要摄入肉类、蔬菜、水果等多种食品；因此，异性友谊在孩子的成长中是不可或缺的。

1. 完善自身的个性

我们常说“男女搭配，干活不累”，其实这不是一种调侃，而是有一定的科学依据的。在人际交往中，与异性相处往往更能完善自身的个性。这是因为大多数同性朋友身上都具有某些共同的特点，而异性朋友身上独特的优点则会成为闪光点，引起我们的好奇，值得我们学习。

男性身上大多具有开朗豁达、不拘小节、机智勇敢、情绪平稳等特点，女性身上大多具有心细如发、温柔体贴、善良亲切、谨慎小心等特点。当与异性交往时，他们就可以从异性朋友那里取长补短，不断地丰富并完善自己的个性。如男性学习女性朋友的谨慎细心，在学习时就可以尽量避免粗心大意；女性学习男性朋友的开朗大方，就不会因为一些小事而斤斤计较，从而避免引起不必要的纠纷。

2. 发展健康的性心理

青春期的男女渴望与异性交往，但并不意味着就是渴望爱情，而是希望从异性朋友身上得到一种情感的满足。这就像是在职场上，女性的容貌、发型等都能对男性的感官造成冲击，从而引起男性心理上的愉悦与兴奋；而男性的肯定与赞赏会让女性得到更大的精神满足。因此，当你的孩子表现出乐于与异性交往的倾向时，你也不必惊慌，这是孩子性心理发展的正常现象。

如何教导孩子与异性交往

在男女的交往中，孩子怎样做才有利于自己的身心呢？家长可以从以下几点着手。

1. 把握好自己的性别角色

在与异性的交往中，男性应该展示出男子汉的魅力，如坚强果敢、开朗大方、富有责任心和使命感；女性应该展示出女性的魅力，如热情活泼、善良可爱、富有同情心和细腻感。男女的性格互补，相互协调，会使相互之间的交往更和谐自然。

2. 将异性看成同性，自然交往

处于青春期的孩子对于与异性交往都表现得很敏感。一方面是由于自己的心理发生变化，对异性产生了更多的好感，也希望给异性留下好的印象；另一方面，是由于周围的同学会对男女之间的交往议论纷纷，导致双方都很不自在。因此，家长应告诉孩子，将异性当成同性来交往，坦然对待，真诚、纯洁的友谊自然会得到大家的赞赏。

3. 注意与异性交往的程度

懵懂的爱情与纯洁的友谊往往只有一步之遥，因此，让孩子把握好与异性交往的分寸是很重要的。如与异性交往要注重言行，不能举止过密，超出友谊的界限。

小贴士 青春期男女的相互吸引、互有好感，大多是一种浅层的生理冲动。家长要理解孩子的这种行为，但不可放纵。

知识小剧场

异性效应——在宇宙飞船上都是男性的太空飞行中，有60.6%的宇航员都会出现头痛、恶心、情绪低落等症状，而挑选一位女性加入太空飞行中，宇航员先前的不适症状就消失了，工作效率也有了明显的提高，这就是典型的“异性效应”。

发现孩子早恋怎么办

早恋主要指的是青春期的青少年确定恋爱关系，现在中小学生中的早恋现象屡见不鲜。发现孩子早恋后，很多家长都会陷入恐慌，不知如何是好。因此，家长应致力于让孩子正确地看待男女关系，及时而委婉地处理孩子的早恋问题。

孩子早恋有哪些表现

现在，很多影视作品、报纸、杂志中都充斥着大量有关爱情与性关系的内容，孩子很容易因为认识不清而对异性产生异样的心理，尤其是青春期的少男少女们。那么，孩子陷入早恋有哪些信号呢？

1. 男女一对一交往

男女之间一对一交往，脱离了群体，不再与其他同学交往，并且瞒着老师与家长，这是早恋的基本特征之一，也是十分危险的信号。此时，双方的交往十分频繁，大量的时间都花在了与彼此的相处中，如看电影、散步等，对学习的兴趣降低，学习成绩自然会下降。

2. 有亲密的身体接触

两个人在一起时，渴求对方的拥抱，甚至亲吻，有亲密的身体接触行为。这种超前的身体接触意识与行为会对双方都造成不良的影响。

3. 不满对方与其他异性交往

当孩子陷入早恋时，对方就成了他的“专属物品”，当看到对方与异性交往时，他会产生不满、嫉妒等心理。

小贴士 你的孩子出现上述行为，说明他与对方的交往已经偏离了纯洁友谊的轨道，你要有所警惕，让孩子及时“刹车”。

孩子早恋，家长怎么办

很多家长将孩子的早恋问题看得很严重，可家长越是紧张兮兮、上纲上线，孩子就越是明知故犯、顶风作案。其实，只要家长引导得当，孩子的早恋问题自然会迎刃而解。所以，当你发现孩子有早恋的迹象后，请你试着采用如下方式。

1. 尊重孩子的隐私

你的日记本被爸爸妈妈偷看过吗？你是不是觉得很气愤呢？那

就请你不要成为令孩子气愤的家长。随着孩子年龄的增长，他们的独立意识与隐私意识也会逐渐增强，这是很正常的。你要尊重孩子的隐私，让孩子有抒发自己情感与想法的空间，你的信任与尊重会拉近与孩子的心理距离，让孩子愿意相信你，听你的话，而不是更叛逆。

2. 做孩子的贴心“军师”

孩子的很多烦恼在现在的我们看来都不值一提，可是我们在与孩子同龄时也曾因为各种各样的小事而烦恼。既然如此，那么你为什么不利用自己的经验做孩子的贴心“军师”呢？你可以帮助孩子分析与异性交往时遇到的问题，谈谈你的童年生活。你乐意为孩子支着，孩子自然也就乐意与你分享他生活与学习中的点滴。

3. 给孩子提供良好交往的空间

正常的男女交往应该是被鼓励的，家长的禁止与阻挠只会让事情愈演愈烈，催生出罗密欧与朱丽叶效应。请你试着了解孩子，为孩子提供与异性朋友交往的空间，如在家中为孩子组织一次聚会，邀请孩子的朋友来家里做客，让孩子的人际关系透明化。你的适当参与不仅不会让孩子反感，反而可以让孩子与异性朋友之间的友谊更健康。

小贴士 做一个开明的家长，当孩子的知心朋友，用你的真诚与信任拉近亲子关系，你会收获更多感动。

知识小剧场

罗密欧与朱丽叶效应——罗密欧与朱丽叶相爱，但是遭到双方父母的阻挠，他们不仅没有就此分手，反而爱得更深。这样的现象我们称为罗密欧与朱丽叶效应。它主要指当男女双方的恋爱受到外在力量的干扰时，双方的情感反而会加强，他们之间的关系也会变得更加牢固。

附录

如何解释动物的性活动

动物在进行性活动时不会回避人类，这也就给了孩子参观的机会。当孩子对动物的性活动表示好奇、惊讶时，你会怎样向孩子解释呢？

1.“两只狗狗在打架”

当你带着孩子在小区、公园等地方散步时，你们有可能看见两只狗在交配。如果此时孩子对你说：“妈妈，您看，狗狗在打架呢！”你会怎么说？如果孩子问你：“妈妈，狗狗在干什么呢？”你又会怎么回答呢？

当你的孩子这样问你时，他只是出于好奇，你不必因为觉得羞耻而回避孩子的问题，也不必觉得孩子没羞没臊，因为这个问题在孩子看来就跟“晚饭要吃什么”一样平常。你只要回答孩子“狗狗在玩”或者“狗狗在互相表达爱意”或者“两只狗狗想要生个小狗狗”就可以了。孩子得到了问题的答案，他们自然就不会再继续揪着这个问题不放了。

2. “猫咪为什么要在晚上叫呢”

夜深人静时，猫咪一直在叫，影响了你们的休息。孩子问你：“妈妈，猫咪为什么要在晚上叫呢？”你会怎么告诉孩子呢？

其实，你不必为这样的问题发愁，你可以告诉孩子：“猫咪这是在叫春，猫咪是在告诉同伴，她想要生小猫咪了。其实猫咪白天也会叫，只是声音不明显，所以我们很少能注意到。”

母猫在发情时还会有很多其他的表现，比如喜欢在主人两腿间磨蹭，喜欢接触公猫，对公猫表现出亲昵感，主动高举尾巴等。

3. “黑猩猩的屁股受伤了”

动物园里，黑猩猩的红屁股总会成为孩子关注的焦点。当孩子发现黑猩猩的红屁股时，他会惊讶地问你：“妈妈，黑猩猩的屁股是不是受伤了？怎么那么红呢？”你会刻意隐瞒事实，还是会对孩子说出实情呢？

在你回答这个问题之前，请你想一想，你带孩子去动物园的目的是什么呢？是为了拍照留念，还是为了让孩子可以近距离地观察这些动物，让课本上的动物真实地呈现在孩子的眼前呢？毋庸置疑，答案是后者。既然如此，那么你为什么不抓住孩子提问的这个契机，为孩子进一步拓展知识呢？

你自然地对孩子说：“黑猩猩的屁股红，不是因为受伤了，而是因为这只母黑猩猩想要生只小黑猩猩，她的屁股发红是在告诉公黑猩猩，她已经准备好生小黑猩猩了，公黑猩猩看到后就会跟她一起生只小黑猩猩。”

动物的交配活动千奇百怪，家长应将这些当成科学知识教给孩子，而不应拒绝回答孩子提出的这类问题，更不应故意欺骗孩子，混淆孩子的认知。当然，这样的问题并没有一个标准答案，家长可以根据孩子的理解程度，采用恰当的语言与方式解答孩子的疑问。

后记

“性”，是一个很扎眼的字，也是很多人避而不谈的话题；但性教育却是家庭教育中不可忽视的一个重要部分。对当代的很多父母来说，对孩子进行性教育是十分必要的。但是应该如何进行性教育，什么时候开始进行性教育，性教育要教育到什么程度，等等，这些成了困扰家长的主要问题。

本书以不同年龄段孩子的生理特点与心理发展为基础，阐述了孩子在各个阶段可能出现的性问题，并对这些性问题进行了详细的分析，提出了具体可行的解决策略与实施方案，让家长可以轻松而自然地解决尴尬问题。

性教育也是爱的教育，所以家长要怀着对孩子的爱，让性与爱并行，为孩子构建一个美好的童年。

由于笔者水平有限，因此书中难免有一些不足，敬请各位积极批评指正，谢谢！